Die Welt erleben

NEUSEELAND

Über dem Land liegt helles,
reines Licht und – manchmal noch – tiefe
Stille; beides eine lebendige Erinnerung daran, wie
die Welt einmal war, in unschuldigeren Tagen. Schon die
ersten Besucher, polynesische Seefahrer, dachten, dass ein
besonderer Gott an einem besonderen Tag dieses Land
geschaffen habe, und viele, die nach ihnen
kamen, gaben und geben ihnen Recht.
Thomas S. Frank

Die Welt erleben

NEUSEELAND

Im Land der weißen Wolke

Clemens Emmler · Thomas S. Frank

BRUCKMANN

Willkommen in Neuseeland

Das Land der weißen Wolke erleben 26

Die Nordinsel – der winterlose Norden 44

Auckland – Bay of Islands – Cape Reinga – Waipoua Kauri Forest

Außerhalb der Metropole beginnt eine spannende Zeitreise in koloniale Historie: Den Schauplatz der Staatsgründung bewahrt ein Museum, die erste, verrufene Hauptstadt des Landes empfängt fast bieder mit hübschen Vorgärten, und vom einst üppigen Kauri-Wald zeugen nur mehr ein paar Baumriesen.

Die Nordinsel – der entlegene Osten 58

Coromandel Peninsula – Bay of Plenty – Eastland – Hawkes Bay

Viele schöne, weiche Sandstrände und Badebuchten unterbrechen die lange Küstenfahrt zum entlegenen Eastland, wo sich die charismatische Naturlandschaft so wild gebärdet, dass ein schützender Nationalpark von Nöten ist. Küstennah hat die Zivilisation hervorragende Weine, Früchte in rauen Mengen und ein städtisches Ensemble in stilsicherem Art déco hervorgebracht.

Die Nordinsel – der brodelnde Kern 72

Am Whanganui River

Von märchenhaft anmutenden Thermalgebieten hinauf zu schroffen Kratern und hinab in romantisch illuminierte Glühwürmchen-Höhlen. Den äußersten Westen formen die steilen Flanken eines Vulkans, ein Wanderparadies. Als Rhein Neuseelands passiert der Whanganui River abgelegene Maori-Dörfer und gibt den Weg frei in eine dicht bewaldete, menschenleere Wildnis.

Die Nordinsel – das kulturelle Zentrum 86

Wellington – Martinborough – Masterton – Castlepoint

Wellington hat's in sich: spannende Museen, schicke Mode, exzellente Restaurants und von den Hügeln tolle Ausblicke auf die Hafenbucht. Wer trotzdem das Weite sucht, besucht gern die ländliche Weingegend im Nordosten oder wagt sich noch ein Stück weiter an die bizarr geformte Felsküste.

Die Südinsel – sonniger Norden im Süden 98

Marlborough Sounds – Abel Tasman NP – Golden Bay – Blenheim

Ein Labyrinth aus tiefen Fjorden, weichen Sandbuchten und üppiger Fauna: Die Nordküste der Südinsel geizt nicht mit Reizen, zumal hier oft die Sonne scheint und zahllose Spitzenweine reifen. Wanderer haben die Qual der Wahl: anspruchsvolle Bergtouren oder wohl präparierte Pfade im Abel Tasman National Park.

Die Südinsel – Neues im Osten 108

Christchurch – Akaroa – Wale vor Kaikoura – Hanmer Springs
Die vom Erdbeben gebeutelte Stadt erholt sich langsam, um hoffentlich bald wieder stolz ihre gepflegten Parkanlagen und neugotischen Bauten zeigen zu können. Bis dahin findet man in der Umgebung eine heile Welt, erliegt dem französischen Charme Akaroas auf der Banks Peninsula, macht sich nach Kaikoura auf, um Wale zu sehen, oder erwärmt sich für die Thermalquellen im niedlichen Bergdorf Hanmer Springs.

Die Südinsel – wilde Westküste 118

Karamea – Pancake Rocks – Hokitika – Westland NP
Der schmale, lange Küstenstreifen an tosender Brandung ist voller Überraschungen: subtropisches Mikroklima im Norden, eisige Gletscher im Süden. Dazwischen irritieren wie Pfannkuchen gestapelte Felsformationen, graben Goldsucher das Erdreich um, wird steinharter Greenstone zu filigranen Pretiosen geschliffen und betört ein See als Spiegelbild für umliegende Hochgebirgsgipfel.

Die Südinsel – tief im Süden 128

Aoraki Mount Cook – Otago – Milford Sound – Stewart Island
Vom höchsten Berg geht es zur schottischsten Stadt und dort auf die Otago-Halbinsel, um der einzigen Festlandkolonie majestätischer Königsalbatrosse Respekt zu zollen. Bald darauf unterhält Queenstown königlich als Abenteuerspielplatz und vielleicht mit einem Ausflug zum weltberühmten Milford Sound. Und wer jetzt reif für die Insel ist, kommt in der Einsamkeit von Stewart Island voll auf seine Kosten.

Reiseteil 144

Neuseelands Top Ten – Festivals & Events – Zeittafel – Übernachten & Genießen – Neuseeland von A bis Z

Register 154
Impressum 156

Seite 12/13 *Die malerische Kaikoura-Küste im Nordosten der Südinsel.*
Seite 14/15 *Auf Entdeckungstour mit dem Kanu im Abel Tasman National Park.*
Seite 16/17 *Einsamkeit und herrliche Strände erwarten einen auf der Coromandel-Halbinsel.*
Seite 18/19 *Einer der Hauptgletscher des Westland National Park, der Fox-Gletscher.*
Seite 20/21 *Der Mount Aspiring National Park auf der Südinsel bewahrt schon seit 1964 ein großes Stück Natur.*
Seite 22/23 *Wie Riesenspielzeug muten die Moeraki Boulders an, die an der Koekohe Beach verstreut liegen.*
Seite 24/25 *Wunderschön: der Leuchtturm auf der windgepeitschten Landzunge Nugget Point an der Catlins Coast.*

NORDINSEL
0
50 km
N
Cape Reinga
North Cape
Ninety Mile Beach
Houhora
Whangaroa Bay
Whangaroa
Kaitaia
Kerikeri
Bay of Islands
Waitangi
Russell
Paihia
Kaikohe
Waiomio
Kawakawa
Hokianga Harbour
Waipoua Kauri Forest
Whangarei
Dargaville
Marsden Point
Kaipara Harbour
GREAT BARRIER ISLAND
Warkworth
Hauraki Gulf
Puhoi
MERCURY ISLANDS
Helensville
Coromandel
Mercury Bay
Muriwai Beach
Auckland
Waitakere
Whitianga
Hot Water Beach
Manukau Harbour
Firth of Thames
Pauanui
Thames
COROMANDEL PENINSULA
Tasman-See
Waihi
Waihou
WHITE ISLAND
King Country
Hamilton
Tauranga
Mt. Maunganui
Waihau Bay
Matamata
Te Puke
Bay of Plenty
East Cape
Te Awamutu
Waikato
Lake Rotorua
Tikitere
Whakatane
Rotorua
Opotiki
Whakarewarewa
Ohinemutu
Waimangu
Mt. Tarawera 1111 m
Waitomo Caves
Lake Rotomahana
Lake Tarawera
Waiotapu
Raukumara Range
Tolaga Bay
UREWERA NATIONAL PARK
Wairakei
Taupo
Huka Falls
Lake Taupo
Lake Waikareiti
Gisborne
Lake Waikaremoana
Poverty Bay
New Plymouth
Turangi
Mt. Tongariro 1968 m
Mt. Ngauruhoe 2290 m
Mt. Ruapehu 2796 m
Mt. Taranaki 2517 m
TONGARIRO NATIONAL PARK
Hawkes Bay
MT. EGMONT NATIONAL PARK
Waiouru
Whanganui
Napier
RUAHINE STATE FOREST
Hastings
Te Awanga
Patea
Rangitikei
Cape Kidnappers
Whanganui
Ruahine Range
Waipukurau
Palmerston North
Levin
Tararua Range
TARARUA STATE FOREST PARK
Castlepoint
Masterton
Wellington
Lake Wairapapa
PAZIFISCHER OZEAN
Cook Strait
Cape Palliser
0
500 km
AUSTRALIEN
Sydney
NORDINSEL
Auckland
NEUSEELAND
40° s. Br.
Wellington
Tasman-See
Christchurch
STEWART ISLAND
SÜDINSEL
TASMANIEN
150° ö. L.
170° ö. L.

SÜDINSEL
N
0
50 km
Tasman-See
PAZIFISCHER
OZEAN
Cape Farewell
Golden
Bay
Marlborough
Sounds
Cook Strait
Abel Tasman
Track
Tasman
Bay
Aorere
ABEL TASMAN
NATIONAL PARK
Aorerea R.
Picton
Havelock
Nelson
Blenheim
Karamea
Karamea
Bight
Wairau
Lake Rotoiti
Lake Rotoroa
Mt.Travers
2338 m
Inland Kaikoura Range
Seaward Kaikoura Range
Westport
Cape Foulwind
Kaikoura
Charleston
NELSON LAKES
NATIONAL PARK
PAPAROA
NATIONAL PARK
Pancake Rocks
Punakaiki
Lake Summer
Greymouth
Lake Brunner
Shantytown
Waipara
ARTHUR'S PASS
NATIONAL PARK
Southern Alps
Hokitika
Arthur's
Pass
920 m
Pegasus
Bay
Ross
Christchurch
Mt. Hutt
2226 m
Canterbury
Plains
BANKS
PENINSULA
Lake
Ellesmere
Akaroa
Okarito Lagoon
Methven
Franz Josef
Glacier
Mt. Tasman
3497 m
Fox Glacier
MT. COOK
NATIONAL PARK
WESTLAND
NATIONAL PARK
3754 m
Mt. Cook (Aorangi)
Lake Tekapo
Hermitage
Mackenzie Country
Lake
Pukaki
Timaru
Haast
Haast
Lake Benmore
MT. ASPIRING
NATIONAL
PARK
Lake Ohau
Omarama
Lake
Hawea
Mt. Aspiring
3027 m
Pukeuri Junction
Oamaru
Lake
Wanaka
Wanaka
Moeraki
Milford Sound
Milford Sound
1692 m
Mitre Peak
Cromwell
Queenstown
OTAGO
Taiaroa Head
Lake
Wakatipu
Dunedin
OTAGO
PENINSULA
Te Anau
Lake
Te Anau
FJORDLAND
NATIONAL
PARK
Milton
Lumsden
Manapouri
Invercargill
Catlins
Coast
Bluff
RUAPUKE
ISLAND
Foveaux Strait
Halfmoon Bay
(Oban)
STEWART
ISLAND

NECKY

Das Land der weißen Wolke erleben

Neuseeland ist ein junges Land – so neu, beinahe unschuldig, und so grün, dass vor der atemberaubend schönen Landschaft auch ein Schild mit der Aufschrift »Vorsicht, frisch gestrichen« hängen könnte. Die Menschen wirken gelassen-optimistisch, sind unkompliziert und freundlich zu Fremden. Und beseelt von traditionellem Pioniergeist wissen sie: Auch wenn einmal etwas schief läuft, ist ein Neubeginn immer möglich. Ein ausgiebiger Tratsch in der Dairy, dem Krämerladen an der Ecke, ohne Zweck und Ziel, ist schon ein guter erster Schritt, um dieses Land kennenzulernen. Ein Spaziergang durch kühl ausdünstenden Regenwald, unter ausladenden Baumfarnen, wäre ein zweiter – und der Sprung über die von wogenden Wellen aufgewühlte Cook Strait, die Nord- und Südinsel auf Distanz hält, schließlich ein dritter. Bis man dann eines Tages im Nirgendwo der Landstraße einfach stehen bleibt, aussteigt und alles abstellt: den Motor, das Autoradio, die Gedanken. Rundum ist es still, und etwas, ganz tief in uns drin, atmet auf.

Ein Riesenfarn im Kahurangi National Park. Der Name des Parks bedeutet »wertvoller Besitz«, und das ist dieser in der Tat: Er umfasst das zweitgrößte unter Naturschutz stehende Gebiet des Landes.

Ein wahr gewordenes Wunder

Am Anfang der Zeit, so erklären es die Maori, Neuseelands erste Siedler, war die Welt eine Schale, umgeben von leerem Raum. In dieser Schale flutete das endlose Meer, nur an ihrem Rand war eine schmale Sandbank aufgehäuft. Die Sonne wanderte jeden Tag über die Schale, in der Nacht tauchte sie darunter durch. Zu Beginn hatten alle auf der Sandbank lebenden Menschen noch genügend Platz, aber dann wurden sie so zahlreich wie die Vögel am Himmel. Das führte zu Hass und Streit. Also fasste Maui, der Halbgott im Leib eines Jungen, einen Plan, um genug Land zu schaffen für alle: Zunächst versteckte er sich unter den Planken eines Kanus, mit dem seine großen Brüder aufs offene Meer zum Fischen fuhren. Erst als sie auf hoher See waren, zeigte sich Maui mit einer langen Angelschnur und einem mächtigen Haken in der Hand. Die Brüder ahnten Böses und gaben ihm keine Köder für den Haken. Doch Maui störte sich nicht daran: Heimlich schlug er sich auf seine Nase, bis sie blutete, und schmierte sich dann das gestockte Blut auf seinen Angelhaken, den er daraufhin unbemerkt in der See versenkte, tiefer und tiefer.

Anglerlatein aus der Mythologie

Auf einmal biss etwas an, das kein gewöhnlicher Fisch sein konnte: Ein enormer Ruck erschütterte das Boot, und als Maui begann, die Leine einzuholen, senkte es sich bedrohlich. Nur mühsam gelang es den Ruderern, das Boot über Wasser zu halten, bis das Ungeheuer an der Oberfläche war: »Te Ika a Maui« – »der Fisch von Maui«.

Aus diesem sagenhaften Fisch also wurde dann in der Legende die Nordinsel Neuseelands: Noch heute erkennt man aus der Luft seinen Schwanz im Norden, wie bei einem Stachelrochen, das Maul im Süden. Auch zwei Augen sind aus der Luft zu sehen: Das zuerst erschienene – der Wairarapa-See – ist mit Süßwasser gefüllt, das andere – der Hafen von Wellington – mit Salzwasser.

Die südliche Spitze von Hawkes Bay, jenem Ort, wo Maui den Haken ablegte, nachdem er ihn aus dem Fischmaul zog, heißt bis heute »Te Matau a Maui« – »der Angelhaken von Maui«. Doch damit ist die Geschichte noch nicht zu Ende: Maui verbot den Brüdern, Stücke aus dem seltsamen Riesenfisch zu schneiden, aber sie kümmerten sich nicht darum, sondern sprangen gierig vom Boot auf den Rücken des Fisches, schnitten und hackten in sein Fleisch, worauf die sich windende Gestalt wild mit ihrer Schwanzflosse um sich schlug, bis sie schließlich erstarrte – deshalb ist die Nordinsel heute so zerklüftet. Maui befahl auch, das Boot nahe am Fisch zu halten. Aber wieder gehorchte niemand: Während alle mit der Beute beschäftigt waren, trieb das Kanu ab und bildete, als es endlich zur Ruhe kam, die heutige Südinsel Neuseelands – die durch weites, wildes Wasser von der Nordinsel getrennt ist …

Spielball der Elemente

Neuseeland besteht neben den beiden großen noch aus einer Reihe kleinerer Inseln. Alles zusammen sind es 270 000 Quadratkilometer Land – etwa so groß wie Großbritannien, bewohnt von 4,4 Millionen Menschen.

Auf Karten wirken die ins schier endlose Blau der Meere getupften grünen Inselkleckse filigran, isoliert, verletzlich, und tatsächlich – Neuseeland ist der Lieblingsspielball vieler Elemente: Im Westen donnern meterhohe Brecher der Tasman-See gegen das Land, im Osten gräbt der Pazifik an der Küstenlinie. Der Wind treibt ein ungebremstes Spiel: Vom Äquator bläst er heiße, trockene Luft hierher; aus der Antarktis, also aus südlicher Richtung, kann es eiskalt wehen.

Heißes Pflaster und stets unter Dampf

Tief in der Erde stoßen die australische und die pazifische Platte aneinander, was regelmäßig Beben auslöst. Gelegentlich dringt davon auch etwas an die Oberfläche – mit segensreichen Folgen wie im Jahr 1855 in Wellington, als der Küstenboden um eineinhalb Meter angehoben wurde, aber auch mit schlimmen Folgen wie zuletzt in Christchurch, wo am 22. Februar 2011 große Teile des Stadtgebiets zerstört wurden und fast 200 Menschen den Tod fanden.

In der Mitte der Nordinsel liegen zwei Verwerfungen der Erdkruste übereinander. Das lässt Geysire fauchen, heiße Schlammtümpel blubbern und ganze Vulkanbatterien wachsen: Bei Rotorua blockierte der Lavafluss Täler und Bäche und schuf eine herrli-

1 *Der Pohutukawa-Baum blüht rot um Weihnachten.* – 2 *Am Waitangi Day feiern die Maori in traditioneller Kleidung.* – 3 *Neuseelands Kinder erleben die herrliche Natur des Landes als grandiosen Spielplatz.*

2

3

1

che Seenlandschaft. König Ruapehu ist mit 2797 Metern der höchste Berg der Nordinsel und gehört zu den seltenen aktiven Vulkanen mit einem Kratersee. Letzterer verändert je nach Befindlichkeit seine Temperatur: Mal friert er zu, mal kocht er (über). Und wenn das »explodierende Loch« seinem Namen wieder einmal alle Ehre macht, geht von dem See im Gipfel die größte Gefahr aus: Durchsetzt mit Gesteinstrümmern donnert das Kraterwasser an den steilen Flanken zu Tal. 1953 hat eine verheerende Schlammflut bei Tangiwai eine Eisenbahnbrücke weggerissen; Minuten später stürzte der Schnellzug Auckland–Wellington in die brodelnde Schlucht, und 151 Menschen starben. Am 23. September 1995 ging es dagegen noch glimpflich ab. Zwar donnerte die Schlammlawine über das Skifeld an Ruapehus Flanke – jenes war aber genau 57 Minuten zuvor geschlossen worden …

Helfen statt heulen

Wenn niemand zu Schaden kommt, können Überschwemmungen, Unwetter und Lawinen in Neuseeland fast den Charakter eines Volksfestes bekommen: Die Männer ziehen sich mit leuchtenden Augen ihr Ölzeug an und gehen pfeifend hinaus in das Sauwetter, Ordnung schaffen; die Frauen stellen Heißwasser für den Tee auf und backen lächelnd Plätzchen für die Rückkehr der Helden.

Das mag in europäischen Augen vielleicht etwas schrullig wirken, hat aber durchaus nachvollziehbare Gründe. Die Männer dürfen sich als Pioniere fühlen und mit großen Erdmaschinen fahren, die Frauen ziehen daraus Gesprächsstoff für ereignisarme Wochen, und Männer wie Frauen werden daran erinnert, dass in Neuseeland die Natur den Menschen beherrscht, nicht umgekehrt. Und das ist vielleicht doch ein recht beruhigender Gedanke.

Junges, altes Land

Neuseeland gilt als ein junges Land. Gut möglich, dass es einmal Teil des Urkontinents Gondwana war, verbunden mit Australien, der Antarktis und Südamerika. Auch biologische Relikte aus Urzeiten haben überlebt: Die Kauri-Fichte (*Agathis australis*) ist ein wuchtiger, urtümlicher Baum. Ihr Stamm kann bis zu 20 Meter Umfang erreichen, die Krone öffnet sich erst 25 Meter über dem Boden. Die Brückenechse Tuatara (*Sphenodon*) ist ein Mini-Saurier, dessen Artgenossen nun schon seit 200 Millionen Jahren auf der Welt umherschleichen. Diese Echse wächst in 60 Jahren 60 Zentimeter und lebt heute nur noch dort, wo man sie in Ruhe lässt: gerne auf Inseln vor der Küste. Alt sind auch die Laufvögel, die vielleicht schon vor etwa 100 Millionen Jahren aus Südamerika über die Landbrücke Antarktis nach Neuseeland einwanderten. Allen voran marschierte der Moa: Sein Gardemaß von drei Metern machte ihn zum größten Vogel, der je gelebt hat; selbst heute sind nur Giraffe und Elefant größer. Als wehrloser Vegetarier mit Keulen wie Ochsenschlegel wurde er die Beute erster Siedler. Die letzte seiner 13 Unterarten dürfte vor rund 200 Jahren ausgestorben sein. Ein kleiner scheuer Weggefährte des Moa entging dagegen diesem Schicksal, der Kiwi. Er kommt nur nachts aus seinem Versteck im Unterholz, um mit seinem langen empfindlichen Schnabel nach Würmern im Boden zu graben. Dieser runde braune Kerl mit seinen stämmigen Beinen, dessen Name den Schrei des männlichen Vogels nachahmt, gilt heute als nationales Symbol; darüber hinaus bezeichnen sich die Neuseeländer selbst als »Kiwis«.

Eine letzte Landbrücke verband Neuseeland einst mit der Westantarktis, bis sie vor rund 80 Millionen Jahren brach – seither sind die Inseln auf allen Seiten von tiefen Meeren umgeben. Diese Isolation hat Vor- und Nachteile. So erhielt sie zum Beispiel das Land bis heute schlangenfrei, verhinderte aber auch den Zuzug sympathischer Gesellen wie Koala, Känguru und – später – Säugetieren.

Erste Siedler

Als in China längst Porzellan und Seide hergestellt wurden, war Neuseeland immer noch ein Land der Vögel und Fische. Während das römische Imperium aufstieg und verfiel, lag weiterhin Stille über

Neuseeland. Erst als in Europa die ersten gotischen Dome gebaut wurden, betraten Menschen neuseeländischen Boden – polynesische Seefahrer aus den Tiefen des Pazifiks, die das letzte große Landstück der Erde entdeckten und allmählich besiedelten. Schon diese ersten Menschen veränderten die Umwelt wesentlich: Sie brachten Ratten und Hunde mit, legten Feuer, wenn sie die Moas jagten. Auf diese Weise entwaldeten sie ganze Landstriche und dezimierten die Vogelarten.

1 *Wer zu Schiff auf dem Milford Sound unterwegs ist, fährt wohl kaum vorbei, ohne die 146 Meter hohen Stirling Falls oder einen der anderen imposanten Wasserfälle in der steilen Felswand zu fotografieren.* – 2 *Die Spirale des sich entrollenden Farnblattes gilt als Symbol für das Leben.*

Als erster Weißer ging im Jahr 1769 Kapitän James Cook an Land: Er pflanzte Kartoffeln und ließ Schweine frei, die verwilderten und deren Nachfahren noch heute als »Captain Cooker« gejagt werden. Schlimmere Folgen hatten seine fast fehlerfreien Karten der beiden Inseln, die er von seiner Reise mitbrachte. Sie lockten Abenteurer aus der ganzen westlichen Welt in den Südpazifik: Walfänger und Robbenjäger vernichteten Wal- und Seehundherden fast zur Gänze, Holzfäller arbeiteten sich durch die riesigen Kauri-Wälder, und die nachfolgenden Siedler brannten weiteres Holz ab, um Weiden für ihre Schafe und Rinder zu schaffen. Wohl aus Heimweh pflanzten sie aber auch Alleen von Platanen und Trauerweiden an und bürgerten allein bis zum Ersten Weltkrieg

50 Tier- und Fischarten ein, von denen viele – Hirsche, Ziegen, Hasen und Forellen – hier heute weitverbreitet sind.
Als Ganzes gesehen wurde das Paradies Neuseeland also verändert, aber nicht zerstört. Viel herrliche Natur blieb in den großen Nationalparks völlig unberührt erhalten und wo es Wunden gab, beginnen sie zu heilen. Selten gewordene Vogelarten erholen sich – manche, wie der Kiwi, in Ruhezonen der Naturschutzbehörde DoC (Department of Conservation); andere wie der Hoiho-Pinguin bei Dunedin auf dem Gebiet einsichtiger Farmer. An den Küsten sind Seehundherden und Delfine unter strengem Schutz wieder sehr viel häufiger geworden. Selbst die Wale kehrten zurück. Vor der Ostküste der Südinsel kann man bei Kaikoura Herden der sanften Riesen beim Spiel beobachten.

Die Welt der Maori

Der pazifische Raum wurde von Völkern aus Südostasien besiedelt: zuerst die Inseln nördlich von Neuguinea, dann Fidschi und vor etwa 3000 Jahren Tonga, Samoa – hier entstand die heutige polynesische Kultur. Etwa ab der Zeit um Christi Geburt erforschten die Männer in den Doppelrumpf-kanus auch die entlegeneren Teile des Pazifiks – Hawaii im Norden, die Osterinsel vor Südamerikas Küste und, tief im Südwesten, Neuseeland. Angetrieben von Wind und Wellen paddelten und segelten die »Wikinger des Ostens« damals in offenen Booten bis zu 5000 Kilometer über das Meer. In Neuseeland entstanden aus solchen Bootsbesatzungen über 40 Stämme, deren Vergangenheit bis heute höchst lebendig ist. Viele Maori nennen sich nach einem Stammvater, andere nach dem Kanu, mit dem ihre Vorfahren einst kamen.
Das neue Land tauften die Entdecker »Aotea-roa«, was zumeist als »Land der langen weißen Wolke« übersetzt wird. »Ao« bedeutet aber nicht nur Wolke, sondern auch Tageslicht. Die Übersetzung »Land der langen hellen Tage« macht vielleicht sogar eher Sinn: Die lange währende Dämmerung im Gegensatz zum tropisch-abrupten Tag-Nacht-Wechsel ist für Neuseeland typisch und wird auch den Namensgebern schon aufgefallen sein.
Anfangs siedelten die Polynesier vor allem auf der Südinsel, wo sie große Moa-Herden fanden. In dieser archaischen Periode passten sie sich an die hier vorgefundenen Lebensumstände an: Ihre früher großen und luftigen Hütten wurden klein und eng, um sie vor der Kälte und dem steten Wind zu schützen. Ihre alten Kleider aus Baumrinde ersetzten die Siedler durch solche aus »New Zealand Flax« – eine Pflanze (*Phormium tenax*), deren lange, dauerhafte Blattfasern sich zu Strängen drehen lassen, aus denen Umhänge, Seile, Körbe und Matten gefertigt werden. Doch das Leben blieb in der Regel hart und kurz. Eingehende Untersuchungen von Skeletten ergaben eine durchschnittliche Lebenserwartung von 30 Jahren der von Arthritis, Gaumenentzündungen und Zahnausfall geplagten Menschen. Als die Jagden im Süden unergiebig zu werden begannen, siedelten die Stämme auf die Nordinsel um, wo es deutlich wärmer ist. Dabei entstand zum ersten Mal so etwas wie Siedlungsdruck. Vor allem um Küstenstreifen mit fruchtbaren Böden wurde gekämpft; und die Stämme bauten Laufgräben, Erdwälle und massive Holzpalisaden um ihre Dörfer. Verbesserte Werkzeuge halfen dabei, die Hütten dauerhafter zu machen. Statt Vogelknochen und Steinsplitter kam Lavaglas (Obsidian) in Gebrauch, auch Jadestein (Pounamu) von der Südinsel – so hart und dauerhaft wie Stahl.
Auf die archaische folgte die klassische Periode und mit ihr eine spezifisch neuseeländische Kultur ohne großes Zusammengehörigkeits- oder gar Nationalgefühl. Das freilich gibt es bis heute nicht – »Maori« als Sammelbegriff bedeutet »normal« und wurde erst geläufig, als die Weißen einwanderten. Die Stämme haben keine Schrift und kein bürgerliches Gesetz, die Begriffe »tapu« (geweiht) und »noa« (gewöhnlich) regeln das Leben. Als »tapu« geltende Berge dürfen nicht betreten, als »tapu« geltende Menschen dürfen nicht berührt werden. Das zweite wichtige Begriffspaar bilden »Mana« und »Utu« – Ansehen und Vergeltung. Wo das erste beleidigt worden ist, muss es durch das zweite wieder hergestellt werden. Und die Vergeltung muss herber ausfallen als die vorangegangene Beleidigung. So entstand ei-

1 *Ohne Hunde geht es nicht: Schafzüchter in den Catlins.* – 2 *Der Kea, ein blitzgescheiter Bergpapagei.* – 3 *Der nachtaktive Kiwivogel ist ein nationales Symbol.* – 4 *Am Cape Kidnappers haben sich die ansonsten meist unzugänglich brütenden Basstölpel gut sichtbare Kolonien eingerichtet. An einen der Nistplätze darf man ganz nahe heran.* – 5 *Keine Flosse vor dem Maul: gähnende Pelzrobbe.* – 6 *Der Fjordland Crested Pinguin ist im Süden zu Hause.*

2

3

4

5

6

1

2

3

4

5

ne Spirale der Gewalt, die die Maori fast ihre Existenz kostete, als sie über die Weißen an Schusswaffen kamen. Vorher waren feindselige Auseinandersetzungen noch »Handarbeit« gewesen und gehörten für viele Stämme offenbar zur liebsten Freizeitbeschäftigung. Allerdings gab es auch Pazifisten wie die Moriori auf den Chatham-Inseln.

Fürsorgliche Invasion

Um das Jahr 1640 wurde die indonesische Hauptinsel Java von Holländern regiert. Im Palast des Gouverneurs Anthony van Diemen gab es eine Karte des Pazifiks, auf der die Westküste Australiens bereits eingetragen war. Was dahinter lag, war unbekannt – deshalb ging der Kapitän Abel Tasman 1642 in van Diemens Auftrag mit den Schiffen »Heemskerck« und »Zeehaen« auf Erkundungsfahrt. Zuerst entdeckte er Tasmanien, am 13. Dezember sah er die Südalpen Neuseelands und segelte die wilde Westküste der Südinsel entlang, bis er schließlich eine ruhige geschützte Bucht erreichte, die heute »Golden Bay« heißt. Dort trafen erstmals Weiße auf Maori. Kaum lag der Holländer vor Anker, tönten vom Ufer her Muscheltrompeten – die polynesische Aufforderung zum Kampf. Die Seeleute erwiderten das Signal und nahmen so unwissentlich die Herausforderung an. Als sie am nächsten Tag ein Beiboot aussetzten, wurden sie von den Maori angegriffen und vier Seeleute getötet, worauf Abel Tasman den Platz angewidert »Mörderbucht« nannte und in Richtung Norden absegelte, ohne auch nur einen Fuß an Land gesetzt zu haben. Erst im Jahr 1769 erfolgte der nächste Kontakt. Diesmal hieß der Besucher James Cook, Schauplatz war die Ostküste der Nordinsel, das Muster blieb sich gleich. Maori griffen an, Matrosen schossen, Cook ließ den Anker lichten und nannte den Platz »Poverty Bay« – Bucht der Armut (weil sie ihn sozusagen »arm zurückließ«). Für den Mann aus Yorkshire, der in den nächsten sechs Monaten alle 15 000 Kilometer der Küstenlinie absegelte, blieb dies nicht die letzte Begegnung der unerfreulichen Art: Immer wieder wurde seine Crew angegriffen, bestohlen und erpresst; auf der Insel Arapawa sollen zehn seiner Leute getötet und verzehrt worden sein. Doch der legendäre Seemann war in seinem Entdeckerdrang kaum zu bremsen, und als er 1771 nach England zurückkehrte, machte er mit seinen kartografischen Aufzeichnungen Neuseeland zu einem Teil der damals bekannten Welt.

Knapp 30 Jahre später, um das Jahr 1800, entstand schließlich die erste »weiße Siedlung« bei Kororareka (Russell) an der Bay of Islands im subtropischen Norden Neuseelands. Pilgerväter waren hier wohl kaum am Werk – zum Kontingent der Weißen gehörten Walfänger, Robbenjäger und Händler in Glasperlen und Schrumpfköpfen; die »Gastgeber«, das Kriegervolk der Nga Puhi, waren allerdings nicht viel sympathischer: Sie hielten sich ihre friedlicheren Nachbarn als Sklaven, die ihre Flax-Plantagen bestellten, für sie in den Bordellen der Bretterbudenstadt Geld verdienten und, so heißt es jedenfalls, bei Bedarf auch höchstselbst den Speiseplan erweiterten.

Erst ab dem Jahr 1814 kamen Missionare ins Land, brachten Pferde und Rinder mit, lehrten die Maori das Lesen, Schreiben und den Ackerbau. Religiöse Bekehrungen waren sehr viel schwieriger zu bewerkstelligen: Erst als Nga-Puhi-Häuptlinge zum christlichen Glauben übertraten und Sklaven freiließen, änderte sich das Bild, weil die heimkehrenden ehemaligen Sklaven, die dem Christentum ihre Freiheit verdankten, bei ihren Verwandten sehr erfolgreich für die neue Religion werben konnten.

Zu Beginn des Jahres 1840 lebten knapp 2000 Weiße an den Küsten Neuseelands. Ihnen standen 100 000 Maori gegenüber, die alle Entscheidungen trafen und das Land kontrollierten. Und dennoch wurde Neuseeland in diesem Jahr von den Briten annektiert – mit dem Segen von Maori-Häuptlingen. Für dieses scheinbare Paradox gibt es einige gute Gründe: Mitleidlos machten die inzwischen bewaffneten Stämme Jagd auf ihre schwächeren Nachbarn, bis einstmals blühende Siedlungsgebiete wie der Isthmus von Auckland völlig entvölkert waren und viele Maori-Führer nur noch einer exterritorialen Macht zutrauten, Ordnung und Frieden zu schaffen.

In England spielten allerdings weniger humanitäre als finanzielle Interessen eine

Rolle: Die Londoner New Zealand Company, in den Händen von Adeligen und Bischöfen, wollte das Land »geordnet kolonisieren« und brauchte dazu die Hilfe einer Ordnungsmacht. Am 6. Februar 1840, der offiziellen Geburtsstunde des neuseeländischen Staates, schlossen britische Unterhändler und knapp 50 Maori-Häuptlinge auf der Halbinsel Waitangi in der Bay of Islands einen Vertrag, mit dem einerseits die Oberhoheit der britischen Krone anerkannt wurde und andererseits die Maori alle privaten wie kollektiven Eigentumsrechte an ihrem Land bestätigt bekamen. Dieser

1 *Kolonisten rodeten die Urwälder radikal für Viehweiden.* – 2 *Schaffarmer trifft man nie allein, sie werden immer von mindestens einem Hund begleitet.* – 3 *Nicht der Farmer, sondern geübte Wanderarbeiter übernehmen die sekundenschnelle Schur der Tiere.* – 4 *44 Millionen Schafe, das sind je zehn für jeden Neuseeländer.* – 5 *Immer mit Hund: ein Schafzüchter auf seinem Quad.* – 6 *Für passionierte Angler ist der Nelson Lakes National Park ein Paradies.*

Vertrag wurde mit Boten zu den einzelnen Stämmen gebracht, bis er mehr als 500 – aber eben nicht alle – Unterschriften trug: Mancher Stammeshäuptling verweigerte damals die Unterschrift, weil er den Verlust politischer Macht und Selbstständigkeit voraussah, der in der Tat dazu führte, dass sich schon bald darauf viele Maori wie Fremde im eigenen Land fühlten …

Schmelztiegel mit Trennwänden

Die Neuseeländer sind ein buntes Volk: Auf 100 Kiwis kommen heute 76 Weiße, 15 Maori, sechs stammen von Inseln im Pazifik, zwei aus China und einer aus Indien. Sie alle genießen gleiche Rechte und

leben im Alltag meist friedlich nebeneinander, wobei die Betonung allerdings eher auf »neben« liegt. Die weißen Neuseeländer, Paheka genannt, dominieren im Straßenbild. In drei von vier Fällen haben sie Verwandte in Großbritannien, doch ihre Bindung an dieses Land ist eher lau, wenn auch das »royal watching« – das Sammeln und Austauschen von Neuigkeiten über das englische Königshaus – sehr beliebt ist. Zur Pflege alter Familientraditionen gehören auch schottische Hochlandspiele mit marschierenden Dudelsackgruppen ebenso wie die Feier des irischen St. Patricks Day.

Neben Iren und Holländern wanderten auch viele Deutsche und Österreicher in Neuseeland ein. Ihre alten Siedlungen findet man etwa in Puhoi, nördlich von Auckland, und in Upper Moutere bei Nelson. Heute zieht es wohlhabende Einwanderer vor allem in die Bay of Islands, wo zum Beispiel der Maler Friedensreich Hundertwasser lebte. Aussteiger fühlen sich dagegen an der Westküste der Südinsel am wohlsten, auf Stewart Island und in der sonnigen Golden Bay: Hier stellen Deutsche inzwischen ein Viertel der Bevölkerung.

Menschen aus Asien stellen die dynamischste ethnische Gruppe im Land. Sie ist allein bis 1996 um 74 Prozent auf 173 000 Menschen angewachsen, bis 2001 auf 237 000 Menschen – darunter auch eine starke Fraktion von Hongkong-Chinesen, die der Heimholung in die Volksrepublik zuvorkommen wollten. Viele dieser meist gebildeten Leute haben inzwischen ihre teuren Kleinwohnungen gegen große Villen mit Gärten in Auckland getauscht (Lieblingsvorort: Howick) und kaufen ihren Kindern Calvin-Klein-Jeans sowie flotte Sportwagen für den Privatschulbesuch.

Bei der Volkszählung im Jahr 1996 fühlten sich 523 374 Menschen als Maori; weitere 50 000 gaben an, Maori-Vorfahren zu haben. Die zunehmende Bereitschaft vieler Neuseeländer, sich zu ihrem Maoritum zu bekennen, bringt ihnen auch ganz handfeste wirtschaftliche Vorteile: Nachdem sich die neuseeländische Regierung endlich dazu durchgerungen hat, das alte Unrecht um Land und Freiheit auszugleichen, können sie in den nächsten Jahren mit hohen Entschädigungszahlungen rechnen. Seit dem Jahr 1975 tagt das sogenannte Waitangi-Tribunal, vor dem Maori-Klagen gehört werden, die bis zum Jahr 1840, als der Waitangi-Vertrag geschlossen wurde, zurückreichen können. Von diesem Tribunal werden tatsächliche oder vermeintliche Vertragsverletzungen untersucht und Empfehlungen an die Regierung ausgesprochen, die daraufhin versucht, einen Kompromiss auszuhandeln.

Im Jahr 1995 kam zum Beispiel so ein Ausgleich mit den Tainui zustande – einem Maori-Stamm, der durch unrechtmäßige Enteignungen in der Vergangenheit 600 000 Hektar Land verloren hatte. Die Tainui erhielten 170 Millionen Dollar Entschädigung und noch verfügbares Land zurück – Ngai Tahu, dem Hauptstamm der Südinsel, wurden in einem anderen Fall für seine 24 000 Mitglieder 195 Millionen Dollar Entschädigung zugesprochen.

Das reicht auch für eine Renaissance der Kultur: Ein populäres Programm vermittelt Maori-Ethik und -Sprache; es erreicht jedes Jahr Tausende Kinder. Und die nationale Rundfunkreform 1989 hat ebenfalls gewirkt: Vorher gab es einen Radiosender mit Maori-Programm, nun sind es gut zwei Dutzend. Seit 2004 strahlt ein vom Staat finanziertes Fernsehprogramm den ganzen Tag über nur in Maorisprache aus. Aber bis das Geld die Maori in ihrem Alltag erreicht, werden noch Jahre vergehen: Viele wohnen in den miesen Vierteln von Auckland, Wellington und Christchurch und sind in guten Berufen unterrepräsentiert. Zwar stellten Maori bereits Parlamentarier und selbst den Generalgouverneur (Sir Paul Reeves), aber diese Ausnahmen bestätigen nur die Regel. Unter den Maori ist die Arbeitslosenrate mehr als drei Mal so hoch wie unter den Weißen, und im Verhältnis zu ihrem Bevölkerungsanteil werden sie vier Mal so häufig zu Gefängnisstrafen verurteilt.

Nationale Schrullen

Die neuseeländische Seele ist immer noch tief bäuerlich, auch wenn 90 Prozent der Menschen längst in kleinen Städten leben.

1 *Die UNO im Kleinen: Neuseelands Kinder stammen aus aller Welt.* – 2 *Maori-Junge mit traditioneller Gesichtsbemalung beim Maori Cultural Festival in Ruatahune bei Gisborne.*

1

Das führt zu Pragmatismus – Wert hat, was nützlich ist und mit ebenso viel Liebe wie Geduld erhalten werden kann. Ein Beispiel dafür sind die vielen Oldtimer und die teilweise uralten Farmmaschinen. In jedem Nest findet man den »Demolitionyard« – eine Art Trödler, wo statt Nippes Bodenbretter und Ziegelsteine aus zweiter Hand auf Käufer warten. Der Umkehrschluss stimmt leider ebenfalls: Was sein Futter nicht verdient, wird schnell geschlachtet – das gilt für Schafe wie für Ideen oder für die Kunst. Im ganzen Land spielt nicht eine Oper: Die Städte Auckland, Wellington und Christchurch haben gerade mal jeweils ein professionelles Theater. Bäuerlichderb ist in vielen Fällen auch der Umgang mit dem Land. Neuseeländer düngen und sprühen, was das Zeug hält, Mülltrennung ist meistens nur ein Wort, und auch der Sonntagsausflug kann nur sehr bedingt als umweltfreundlich bezeichnet werden – dazu parkt man das Auto in der Wiese (die Kühltaschen sind halt immer so schwer ...) und picknickt drei Meter von der Autotür entfernt, zu den vertrauten Klängen eines Radiosenders, der die Resultate von Kricket oder Pferderennen verkündet.
Andererseits dienen die meisten gern einer guten Sache – spenden selbst oder helfen Spenden sammeln; etwa für die Schule, wenn sie neues Turngerät braucht. Dafür wird dann ein Markttag mit geschenkten Sachen veranstaltet, bei dem die Leute ihre Fehlkäufe der letzten Jahre auf einem Tisch deponieren, der »white elephant« genannt wird; den Erlös darf die Schule behalten.
Ein weiteres nicht nur karitatives Vergnügen heißt »dunk a teacher«: Ein Pädagoge setzt sich in Badehosen auf eine Kippvorrichtung über einen Wasserbottich. Wer mit dem Ball eine Scheibe trifft, löst einen Mechanismus aus, der den Armen versenkt. Drei Würfe für einen Dollar – ein solches Angebot wird kein Schüler ablehnen.

Männer und Frauen gehen auch in Neuseeland ihre eigenen Wege: Der Kiwi-Mann fühlt sich als freier Bürger eines freien Landes, interessiert sich für die Preise von Gebrauchtwagen aus Japan und die Spiele der Rugby-Nationalmannschaft All Blacks. Während das Wohnhaus ein Frauenrevier ist, fühlt sich der Mann im Freien am wohlsten – beim Fischen, auf der Jagd, im Boot oder wo auch immer. Liebe zum Heim beweist der Kiwi-Mann höchstens am Wochenende und sozusagen maschinell: Motorsägen trimmen Bäume, Rasenmäher heulen durch die Siedlungen, und auf den Straßen tönt das Geklapper von Pkw-Anhängern auf dem Weg zum Baumarkt.
Kiwi-Frauen sind – vielleicht auch deshalb? – traditionell unabhängig: Laut Statistik stellen sie 44,2 Prozent der Arbeitskräfte, lassen sich mit dem Zwei-Kinder-Kriegen Zeit (bis 28) und verzichten auch dann in jedem dritten Fall auf eine Heirat. Sie interessieren sich für Politik und sind dort sehr präsent: Helen Clark war lange Zeit Chefin der Labour Party und führte als Premierministerin eine Koalitionsregierung. Und auch Neuseelands formales Staatsoberhaupt, Queen Elizabeth II. von England, ließ sich durch einen weiblichen Gouverneur-General vertreten: Dame Silvia Cartwright.

Feinkostladen im Südpazifik

Neuseeland ist vielleicht der einzige Platz der Welt, wo Bauern keine Subventionen bekommen. Aber die rund 60 000 Farmer setzen auch so riesige Summen um. Milch ist die Nummer eins: Die Genossenschaft Fonterra, im Besitz von 116 000 Bauern, verkauft Milchprodukte in mehr als 140 Länder der Welt und ist bei mehr als sechs Milliar-den Euro Umsatz im Jahr der größte Milchexporteur der Welt. Dagegen wirkt die Schafzucht geradezu simpel: Folgsame Tiere werden umgewandelt in Wolle und Fleisch. Dank der idealen klimatischen Bedingungen können die Tiere das ganze Jahr über im Freien bleiben. Die große Mehrheit der knapp 44 Millionen neuseeländischen Schafe wird vor allem wegen ihrer schmackhaften Keulen gezüchtet, ihre Wolle ist grob – weshalb daraus Spannteppiche gefertigt werden. Rindfleisch wird ebenfalls in riesigen Mengen exportiert – das meiste davon in die USA. Relativ neu ist dagegen die Zucht von Rotwild und Wapitihirschen. Damit verdienten Kiwis zuletzt über 200 Millionen Dollar – mehr als ein Drittel davon in ihrem größten Markt Deutschland.

800 000 Quadratkilometer, fast die Fläche Österreichs, sind in Neuseeland von Wald bedeckt. Etwa drei Viertel davon sind Urwälder, gehören überwiegend dem Staat und werden als Nationalpark geschützt. 15 000 Quadratkilometer Plantagenwälder sind fast alle in privatem Besitz: Dort dominiert *Pinus radiata*, ein schnell wachsendes Nadelholz, das in Neuseeland kaum 25 Jahre bis zur Schnittreife braucht. Der Turbobaum bringt mehr Geld als alle Fleischexporte. Der Profit steigt und fällt allerdings sehr stark mit den Holzpreisen.
Bedeutend ist auch die neuseeländische Fischproduktion: Vieles davon bleibt im Lande und wird als Schnellimbiss – »Fish

1 *Die Fontänen des Geysirs Pohutu lockt jährlich Tausende von Touristen ins maorieigene Thermalquartier Whakarewarewa.* – 2 *Der Tasman-Gletscher endet im gleichnamigen See.*

and chips« – verputzt. Ein paar Filets bleiben aber auch noch für den Weltmarkt übrig – etwa 300 Millionen Kilogramm. Darunter befinden sich teure Hummer ebenso wie Edelfische, Thunfisch oder Orange Roughy, der in 1500 Metern Tiefe aus dem Meer gefischt wird. Gemüse und Früchte dieses pazifischen Feinkostladens werden ebenfalls in alle Welt geliefert: Im Norden des Landes produziert man Mandarinen, Tangelos und Avocados; an der Bay of Plenty liegt das Weltzentrum der Kiwifrucht (jedes vierte grüne Früchtchen kommt von hier); an der Hawkes Bay und in Nelson-Marlborough reifen die knackigsten neuseeländischen Äpfel (*Braeburn* und *Royal Gala*) sowie Birnen (*Doyenne du Comice*) und Weißweintrauben, deren köstlicher Geschmack

sogar die Besitzer des französischen Champagnerhauses Veuve Clicquot dazu veranlasste, hier in der Cloudy Bay ein Gut zu kaufen.

Leben und leben lassen

Vor etwa 15 Jahren waren Speiselokale in Neuseeland noch eine ziemlich ernste Angelegenheit: Die Stühle, Speisekarten und Tischtücher waren in erster Linie praktisch (abwaschbar), die Bedienung blieb sehr misstrauisch (warum isst der Mensch nicht wie jeder andere zu Hause?). Umrahmt wurde diese Restaurant-Idylle durch ein unumstößliches Menüangebot: Krabben-Cocktail mit einer Tausend-Insel-Sauce, dann Tagesbraten mit drei eher welken Gemüsen und zum Abschluss Pavlova, die Nationaltorte aus süßem Eierschaum und süßem Schlagobers.

Heute ist das Essengehen zu einem Freizeitvergnügen geworden, dem viele Neuseeländer einen ständig steigenden Teil ihres Haushaltsbudgets widmen. Schon mittags isst kein Mensch im Büro, zahllose Cafés bieten in langen appetitlichen Selbstbedienungsreihen Sandwiches, Croissants und Foccacia, gefüllt mit Avocado, geräuchertem Huhn und Brie – leichte Dinge, die Platz für schwere Sünden lassen: gewaltige Tortenstücke etwa (»gut« hat immer noch viel mit groß zu tun) oder Kekse (Cookies), die auch einmal 15 Zentimeter Durchmesser haben können; bis hin zu Muffins in allen erdenklichen Geschmacksrichtungen. Dazu fauchen italienische Kaffeemaschinen, deren hierzulande beliebteste Kreation bereits in den allgemeinen Wortschatz eingegangen ist: Wer zum Kaffee bittet, sagt: »lets do the latte thing« …

Früher saßen die Neuseeländer beim Essen nie freiwillig im Freien, heute hält es sie selbst an sonnigen Wintertagen kaum noch drinnen. Viele Cafés haben deshalb auch draußen Tische gedeckt, und vor allem mittags tragen viele Leute gern ihr Sandwich in den nächsten (meist nahen) Park. Abends verdoppeln sich dann die Preise und Anstrengungen der Chefs. Manchmal überanstrengen sie sich aber auch: Essen soll zu seinem Umfeld passen, heißt es. Das Frische bedeutet Natürlichkeit und Lockerheit. Am besten isst man deshalb manchmal in Brasserien und Abendcafés – da passt das Ambiente zur Küche. Gekocht wird viel mit Fisch – zu den besten Sorten gehören Gurnard, Groper und Terakihi; die vielen guten Sushibars servieren frischen Thunfisch und Wildlachs. Die »greenlipped mussels« werden (leider) oft mariniert angeboten, sehr viel besser schmecken sie in Wein gedünstet; zwei Minuten in den Pfannen zischen »Scallops« – Jakobsmuscheln, die in Neuseelands Meeren besonders rund gedeihen. Die besten Austern der Welt (jawohl, die Besten) stammen aus den Buchten vor Stewart Island, und zur Luxuskategorie gehören auch drei verschiedene Sorten Hummer. Ja, Vegetarier versäumen hier schon einiges. Das Fleisch von Tieren, die stets im Freien grasen, versorgt mit reiner Luft und klarem Wasser, schmeckt halt anders. Das beste Lamm kommt vielleicht aus Canterbury, und wer sich ans Rinderne hält, muss es »medium« bestellen, wenn er es rosa will; »well done« kommt halb verbrannt. Die klassische Beilage im Restaurant sind Gemüseschüsseln – meist werden drei, vier Sorten gemischt.

Zum Alkohol haben die Neuseeländer ein etwas gestörtes Verhältnis, wohl als Erbfolge britischer Tradition. Bier, Wein und Schnaps waren lange nur schwer erreichbar und dadurch besonders interessant. Zeitbeschränkungen etwa im Alkoholausschank der Pubs führten zu alkoholisierter Torschlusspanik und damit zum Gegen-teil des so Erwünschten: »Auf-Vorrat-Saufen« statt maßvollem Genuss. Mancher Restaurantbesitzer wurde schon von einfallsreichen Behörden zermürbt, wenn es darum ging, eine Alkoholauschanklizenz zu ergattern; so Weise entstand das durch die Buchstabenfolge BYO – »bring your own« – gekennzeichnete Recht des Gastes, sich zu seinem Mahl im Speiselokal den eigenen Wein mitzubringen. Auch die Prohibition führte nicht zu dem gewünschten Ergebnis. Aber immerhin verdankt ihr der tiefe Süden lange unterirdische Rohrleitungen, mit denen die Schwarzbrenner den verräterischen Rauch der Destillationsfeuer – und die wachsame Behörde – umzuleiten wussten: ins Niemandsland.

1 *Lifesavers sind wie in Australien auch in Neuseeland Ikonen der Strandkultur. Beim Beach Carnival zeigen die jungen Leute ihr Können.* – 2 *An der Einfahrt zum Hokianga Harbour.* – 3 *Die Staatsgründung wird immer am 6. Februar gefeiert. Die dabei stattfindenden Hakas, zünftige Kriegstänze, sind bei tapferen Kriegern aller Altersklassen sehr beliebt.*

2

3

1

2

3

4

5

1 Einer der schönsten Flecken in der Provinz Southland ist die Catlins-Küste. – 2 Ob zum Sport … – 3 … oder zum Relaxen: Groß und Klein lieben das kühle Nass, das überall im Land einlädt. 4 Wohl ein Traum für jeden Pferdefreund: ein Strandritt an der Bay of Plenty. 5 Einst waren die großen Kriegskanus der Maori gefürchtet. Heute sind sie nur noch zu zeremoniellen Anlässen unterwegs.

AZZURRO
X
W
AZZURRO

Die Nordinsel – der winterlose Norden

Auckland ist für die meisten Besucher das Tor zu Neuseeland – und meist wenig mehr, leider. Man tritt schnell hindurch, um alsbald all die Schätze dahinter entdecken zu können: Raus aus der Stadt und rein in die Natur wollen Touristen, die so eine weite Anreise über die Meere, womöglich über die halbe Erdkugel, auf sich genommen haben. Wer aber den eng geschnürten Isthmus zwischen Pazifischem Ozean und Tasmanischer See als großstädtische Landschaft voller Kontraste begreift, wird gerne ein paar Tage bleiben und teilhaben wollen am lebenslustigen Lifestyle an den Wassern des Waitemata Harbour. Weiter nördlich schmiegt sich subtropisches Hügelland an die malerischen Buchten der Bay of Islands, Wiege der Nation und beliebtes Urlaubsziel nicht nur der Neuseeländer. Unterwegs dokumentiert die versenkte Rainbow Warrior unter Wasser den konsequenten Anti-Atom-Kurs der Nation. Und im Waipoua Kauri Forest zeugen uralte, riesige Nadelbäume von einst ausgedehnten Kauri-Wäldern an Land.

Die Region Auckland beherbergt heute 1,3 Millionen Menschen – das ist ein Drittel aller Neuseeländer. Die einzige Millionenstadt des Landes ist gleichzeitig sein kommerzielles Zentrum und wächst schneller als jeder andere Landesteil. Der mit 328 Metern alles überragende Sky Tower bietet beste Aussichten.

Uralte Bäume und eine moderne Großstadt

Auckland – Bay of Islands – Cape Reinga – Waipoua Kauri Forest

Gut 700 Jahre sind die Küsten um Auckland schon polynesisch besiedelt. Dieser Landstrich war für die Vorfahren der Maori ideal: Die beiden Häfen Waitemata und Manukau boten reiche Fischgründe, das milde Klima ließ die Kumara gedeihen und die 60 Vulkane mit ihren steilen Flanken waren leicht zu befestigen – auf Hügeln wie One Tree Hill und Mount Eden kann man noch heute Spuren der Siedlungen erkennen. Die Maori nannten das Gebiet »Tamaki makau rau« – »die Braut mit den 100 Liebhabern«. Tatsächlich wurde um den Siedlungsplatz oft und hart gekämpft. Ab dem Jahr 1820 entvölkerten die mit Gewehren bewaffneten Nga Puhi aus dem Norden den Landstrich und töteten oder verschleppten die Bewohner als Sklaven. Seuchen, die weiße Seeleute mit ihren Schiffen brachten, vollendeten schließlich weitgehend das Zerstörungswerk.

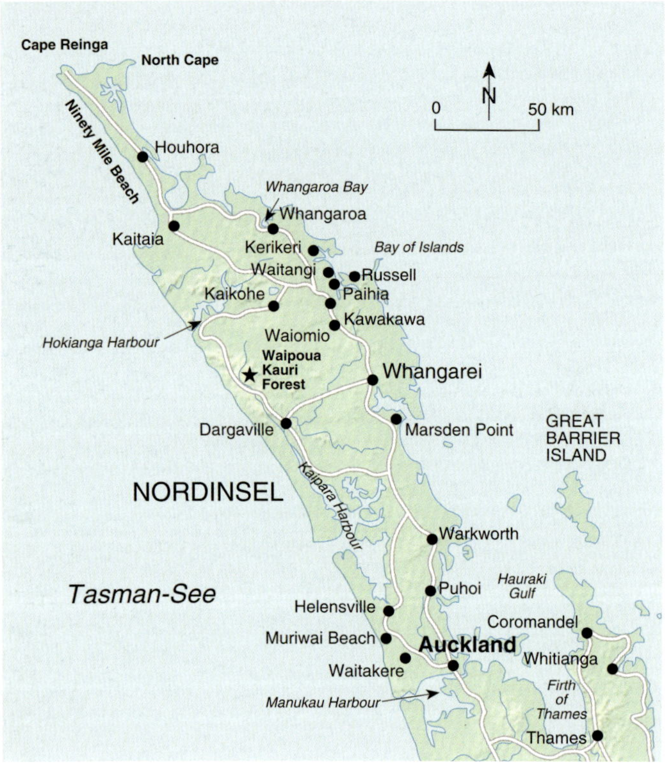

Auckland ist Ehrensache

Die wenigen Überlebenden verkauften das Gebiet des heutigen Zentrums im September 1840 an Neuseelands Kolonialregierung – für 55 Pfund in Gold, dazu Tabak, Zucker, Decken und anderen Kram. Heute sind diese 1200 Hektar Land zig Milliarden Mark wert. Gleich nach dem Kauf erklärte Neuseelands erster Gouverneur, Kapitän William Hobson, die Einöde zur Hauptstadt und gab ihr den Namen Auckland. Damit wollte er den Earl of Auckland ehren, George Eden, der Hobson einst das Kommando über ein Schiff gegeben hatte. Zwar ging die Hauptstadt-Würde im Jahr 1865 an das zentraler gelegene Wellington verloren, aber noch heute findet man in Aucklands Zentrum das Old Government House und die nahebei verlaufende Parliament Street.
60 Vulkane schufen durch ihre Eruptionen die Landenge von Auckland. Der 196 Meter hohe Mount Eden bildet ihren höchsten natürlichen Punkt und ist ein viel besuchter Aussichtsplatz. Noch mehr Überblick verspricht der 328 Meter hohe »Sky Tower«. Der Geschäftsbezirk um die Queen Street war einmal die »goldene Meile« – heute bietet sie eher zweitklassige Souvenirs. Die besseren Geschäfte sind in die umliegenden Seitengassen wie High Street und Vulcan Lane ausgewichen. Der Stadtteil Parnell bietet die adrett renovierten Reste des alten Auckland samt Boutiquen, Restaurants und Pionierhäusern.
Newmarket brüstet sich mit vielen Modeläden und trendigen Bistros, Ponsonby bietet flotte Läden lokaler Designer sowie eine große Auswahl populärer Bars und Restaurants.

Hauptstadt Polynesiens

200 000 Maori und Einwanderer von den Pazifikinseln machen Auckland zur größten polynesischen Stadt der Welt und geben Stadtteilen wie Mangere und Otara im Süden Flair. Besuche lohnen sich vor allem am frühen Samstagmorgen, wenn die Straßenmärkte in Otara in Schwung kommen.
»Vier Jahreszeiten an einem Tag« könne man in Auckland erleben, heißt es in einem Songtext. Bei schlechtem Wetter kann man das Auckland Museum in der Domain besuchen, einem 80 Hektar großen Park. Zu den Prunkstücken der Maori-Sammlung gehört das knapp 30 Meter lange Kriegskanu Te Toki a Tapiri (»Tapiris Streitaxt«). Sehenswert sind im Bastlereldorado Neuseeland auch die technischen Museen. Das Museum of Transport and Technology (MOTAT) in Western Springs zeigt Oldtimer, Flugzeuge und Landmaschinen.

1 *Unterhalb des 165 Meter hohen Leuchtturms von Cape Reinga hängt über der Steilküste ein den Maori heiliger Baum.* – 2 *Blick auf die nächtlich erleuchtete Millionenstadt Auckland, Wirtschafts- und Freizeitmetropole zugleich. Ihre beeindruckenden Hochhäuser sind in weniger als zwei Jahrzehnten wie Pilze aus dem Boden geschossen.*

1

2

1

Wunderbare Wasserwelt

Auckland liegt zwischen zwei Meeren: Im Westen donnert die Tasman-See gegen die Küste, im Osten der Pazifik. Ruhigere Wasserflächen bieten die Häfen Waitemata und Manukau sowie der Golf von Hauraki – ein Nationalpark im Meer mit 46 Inseln. Die Aucklander lieben ihre Wassergärten, belagern die zahlreichen Strände mit Holzkohlegrill und Kühltaschen voller Bier oder segeln mit einem der rund 70 000 hier ankernden Boote in den Golf hinaus. Ein Höhepunkt ist die Auckland Anniversary Day Regatta, bei der Ende Januar im Waitemata Harbour knapp 1000 Boote um die Wette segeln. Die Harbour Bridge verbindet das Zentrum mit dem Norden der Stadt und ist längst zu ihrem Symbol geworden: Gebaut wurde sie im Jahr 1959 noch vierspurig – zehn Jahre später erweiterten japanische Ingenieure die Fahrbahn auf jeder Seite um zwei Spuren (die sogenannten »Nippon clipons«). Dennoch verursachen die zahlreichen, über die Brücke fahrenden Autos und Lastwagen regelmäßig Staus, vor allem während der Rushhour.

Ein guter Fluchtpunkt ist das Ferry Building an der Hafenmole: Von hier aus schaukelt eine Fähre in zehn Minuten nach Devonport am Ende einer schmalen Halbinsel. Dort laden ruhige Strände und Gassen zum Aus- und Aufatmen ein. Ein hübscher Strandspaziergang führt den Cheltenham Beach entlang, an dessen Ende Mount Victoria und North Head liegen: Der Aufstieg lohnt sich – von dort aus hat man den besten freien Blick auf Aucklands Skyline. Die Segeljacht »Pride of Auckland« macht Rundfahrten im Waitemata-Hafen und erlaubt auch Süßwassermatrosen das Zupacken. Ein Katamaran verbindet Auckland mit der Insel Waiheke: 6000 Menschen leben ganzjährig dort, im Sommer steigt die Zahl auf 30 000. Man kann hier golfen, reiten, baden, faulenzen, Wein verkosten und gut essen. Einsamer und idyllischer wirkt Great Barrier Island. Die Insel 90 Kilometer nordöstlich von Auckland ist ein beliebtes Ziel von Wochenendausflügen.

Landpartie in die Provinz

Nördlich von Auckland streckt sich Neuseeland noch 450 Kilometer nadelspitz nach Norden. Gute Straßen im Osten und Westen erlauben eine Rundreise, für die man vier Tage oder vier Wochen veranschlagen kann: Der SH 1 verläuft zunächst die Ostküste entlang, die wegen ihrer Blütenpracht auch »Hibiscus Coast« genannt wird und in Waiwera Mineralquellen bietet; das Dörfchen Puhoi haben Sudetendeutsche vor etwa 130 Jahren gegründet – das German Hotel von 1879 wurde zum stimmungsvollen Puhoi Pub. Von der Mahurangi-Halbinsel setzt eine Fähre zur historischen Insel Kawau über, wo man das im Jahr 1862 für den neuseeländischen Gouverneur Sir George Grey erbaute Herrenhaus besichtigen kann. Die Insel ist ein ziemlich verwilderter Garten, unter den Tieren fällt das (kleine) Großfußkänguru (*Parma Wallaby*) auf, das in seiner australischen Heimat als ausgestorben gilt.

Whangarei ist mit 45 785 Einwohnern die größte Stadt des Northland. Vom Mount Parahaki mit seinem Kriegerdenkmal hat man einen herrlichen Blick auf die Bucht. Am Jachthafen Town Basin, im Zentrum von Whangarei, wird schönes Kunsthandwerk verkauft und schmackhaftes Essen aufgetischt; wer ein Picknick vorzieht, fährt die Straße nach Ngururu bis zu den schönen Wasserfällen der Whangarei Falls.

Reif für die Inseln

Die Bay of Islands wird seit alters her von Maori bewohnt. Europäer haben hier im Jahr 1814 eine erste Messe gelesen, den ersten Pflug in die Erde gestoßen und erste Missionsstationen gebaut. Nicht weit von Russell lag einst Kororareka – das erste Dorf der Weißen (1809) und Neuseelands erste Hauptstadt, die von den Missionaren wegen der rauen Sitten auch als »das Höllenloch des Pazifik« bezeichnet wurde.

Wie sich die Zeiten ändern: Wer heute in Russell am Flagstaff Hill über dem Dorf steht, sieht ein friedlich verschlafenes Nest.

In der zweiten Reihe zum Strand steht die weiß gestrichene Christ Church: Einschusslöcher an der Außenwand zeugen von Kämpfen zwischen Weißen und Maori im Jahr 1845. Der Ort Paihia ist das touristische Zentrum an der Bay und erlebt seine absolute Hochsaison zwischen Weihnachten und Neujahr – in dieser Zeit kommt kein Tourist unter, der nicht lange zuvor reserviert hat. Waitangi liegt gleich nebenan und hat einen wunderschönen Golfplatz zu Füßen sowie eine nationale Gedenkstätte der Unter-

1 *Die Küste am offenen Ozean wartet mit grandiosen Stränden und Felsformationen auf, etwa dem Lion Rock bei Piha.* – 2 *Rund ein Drittel der Bevölkerung Neuseelands lebt in Auckland.*

zeichnung des Treaty of Waitangi, der das staatliche Zusammenleben im jungen Neuseeland regeln sollte. Besucher erwartet eine informative Diaschau, ein Kriegskanu und das im kolonialen Stil hergerichtete Haus des ersten »British Resident«, James Busby. In der weiten Bay of Islands liegen gut 150 Inseln, viele von ihnen unbewohnt. Eine Rundfahrt durch die Bucht dauert vier Stunden, ein Segeltörn einen Tag oder eine Woche – die meisten Boote starten von Paihia. Der Cream Trip folgt der Route früherer

Milchsammelboote; wer zum Cape Brett fährt, erreicht dort das Ende der Bucht und einen Felsen samt Loch (»Hole in the Rock«), durch das der breite Katamaran schippert. Wer es lieber altmodisch hat, kann auf alten Segeljachten wie der »Tucker Thomson« anheuern. Angelsaison ist von Dezember bis Mai/Juni, wenn die blauen, schwarzen und gestreiften Marlins wandern. Kerikeri liegt knapp 20 Kilometer nördlich von Paihia. Mit inzwischen rund 9000 Bewohnern ist dies heute der größte Ort an der Bay. Obst- und Gemüseplantagen bringen herrliche Zitrusfrüchte und Avocados hervor. Besucher steuern am besten den Jachthafen Town Basin an, hier warten vier Attraktionen: das älteste Haus Neuseelands (Kemp House, 1822) und ein alter Missionsladen (Stone Store); das Freiluftmuseum Rewa's Village, in dem ein Maoridorf authentisch dargestellt wird. Und am Kororipo Pa führt ein Spazierweg durch die einstige Burg des grausamsten Kriegshäuptlings der Nga Puhi, Hongi Hika.

Nordwärts zum Cape Reinga

Einen vollen Tag braucht man für den Ausflug ans Nordkap. Die Ostküstenroute führt durch die Harzfelder nördlich von Kerikeri – ein Überbleibsel der riesigen Kauri-Wälder, die einst zu dieser Region gehörten. Das von den Bäumen tropfende Harz wurde unter der Lufteinwirkung fest und schließlich von Waldboden bedeckt. Als die Kauri-Wälder vor 100 Jahren gefällt waren, gruben zeitweise mehr als 2000 Männer nach den kartoffelgroßen Harz-Knollen. Hinter Kapiro führt eine Straßenschleife an die Küste und zur Matauri Bay. Hier wurde vor den Cavalli Islands das Greenpeace-Schiff »Rainbow Warrior« »beigesetzt«; Taucher besuchen das Denkmal im Meer. Am Whangaroa Harbour erreicht man wieder die Hauptstraße. Der herrliche Naturhafen hat auch an sonnigen Tagen etwas Düsteres. Im Hafenbecken liegt das ausgebrannte Wrack der »Boyd«, die im Jahr 1809 von Maori vernichtet wurde – als Vergeltung dafür, dass einer der ihren auf dem Schiff ausgepeitscht worden war. Hinter Awanui wird der Norden karg: Was Waldbrände und Rodungen vernichtet haben, kann in dem windigen Landstrich nicht mehr neu entstehen. Der Weg zum Kap führt an den Houhora Heads vorbei und endet schließlich bei Cape Reinga und seinem Leuchtturm: Viele Touristen und Einheimische meinen, hier am nördlichsten Punkt Neuseelands zu stehen – tatsächlich gebührt dieser Ruhm den Surville Cliffs weiter im Osten.
Vor Cape Reinga treffen die Tasman-See und der Pazifik sichtbar aufeinander. Bei gutem Wetter sind die Three Kings Islands auszumachen, die so heißen, weil der Holländer Abel Tasman hier am Dreikönigstag (6. Januar) 1643 ankerte.

Reste von Riesenbäumen

In der Spirits Bay steht ein uralter windzerrissener Pohutukawa-Baum, der um Weihnachten herum flammend rot blüht: Die Maori glauben, dass an seinen Wurzeln die Seelen der Toten in das Meer gleiten und so ihre Heimreise beginnen. Die Fahrt zurück nach Auckland entlang der Westküste ist mehr als eine Pflichtübung: Hier wird nicht viel um Touristen geworben, aber das träumerisch Verschlafene dieser Gegend wirkt äußerst reizvoll. Von Hokianga Harbour aus – ein langer schmaler Hafen, der über 50 Kilometer weit ins Landesinnere reicht – soll vor gut 1000 Jahren der Entdecker Kupe zurück nach Polynesien gesegelt sein. Gegenüber von Opononi liegt eine riesige gelbe Sanddüne. Noch vor etwa 150 Jahren war alles Land zwischen Auckland und dem Nordkap Kauri-Wald, ein Gebiet von 12 000 Quadratkilometern, so groß wie Tirol. Dann machten die Sägemühlen der Weißen Schiffsmasten und Bauholz aus der Pracht. Heute ist der Kauri-Wald von Waipoua der letzte große Rest der einstigen Herrlichkeit, ein nationaler Schatz: Hier stehen auf 90 Quadratkilometern prachtvolle Ensembles dieser eindrucksvollen Bäume, deren Stämme 15 Meter Umfang haben und in mehr als 1000 Jahren bis zu 50 Meter hoch werden können. Die letzte Perle an der Westküste sind die Waitakere Ranges, nur eine halbe Fahrstunde von Auckland entfernt. Schöner Regenwald und herrliche Strände laden zu einsamen Wanderungen ein. Einen von ihnen hat die ganze Welt gesehen: Am Karekare Beach stand der Flügel in Jane Campions international erfolgreichem Film »Das Piano« mit Holly Hunter und Harvey Keitel in den Hauptrollen.

1 *Das große Maori-Versammlungshaus von Waitangi wurde 1940 an diesem Ort eingeweiht.* – 2 *Tane Mahuta, »Hüter des Waldes«, heißt der höchste heute noch lebende Kauri-Baum. Der Umfang seines Stammes beträgt fast 14 Meter, und in seiner Krone leben 30 andere Pflanzenarten.*

1

2

1 Vor dem Nordkap bei Cape Reinga treffen die Tasman-See und der Pazifik aufeinander. Bei gutem Wetter sind von hier aus die Three Kings Islands auszumachen. Sie heißen so, weil der Holländer Abel Tasman am Dreikönigstag 1643 dort ankerte. 1902 ist der Dampfer »Elingamite« vor den Three Kings Islands zerschellt und untergegangen – mit 43 Matrosen und einem Goldschatz, der bis heute nur in Teilen geborgen wurde. – 2 Einsame Strände erwarten Surfer an den Buchten vor Auckland. – 3 In Kelly Tarlton's Antarctic Encounter & Underwater World kann man Haie (fast) hautnah erleben. – 4 Wassersport wird groß geschrieben bei den Kiwis.

Seite 56/57
Die Bay of Islands liegt am 35. Breitengrad. Das verschafft der graziösen Komposition aus 150 Inseln und weiten Wasserflächen mildes Klima, warmes Wasser und Besucher aus aller Welt. Unter den wohlhabenden Neuseeländern, die hier Sommerhäuser unterhalten, sticht die Operndiva Kiri te Kanawa hervor.

3

4

Die Nordinsel – der entlegene Osten

Auf der Coromandel Peninsula gab es früher viel Gold, Kauri-Holz und Kauri-Harz. Heute finden die Menschen hier vor allem Erholung: Reizvolle Wanderpfade erschließen das dicht bewaldete und gebirgige Innere der Halbinsel. Eine Fahrt entlang der Ostküste führt zu herrlichen Sandstränden und malerischen Badebuchten. Hinter der mit prima Klima und fruchtbaren Böden gesegneten Bay of Plenty erreicht der Pacific Coast Highway das dünn besiedelte Eastland, wo Maori-Familien in kleinen Dörfern abgeschieden und traditionsverbunden leben. East Cape heißt der östlichste Punkt Neuseelands, markiert von einem schlanken, leuchtend weißen Leuchtturm. Von hieran geht die kurvige Küstenfahrt Richtung Süden. Bucht an Bucht liegen am Weg, kleine und große. Und schließlich die ausladende Hawkes Bay mit einer schicken Stadt in elegantem Art déco: Napier hat einfach Stil. Die sonnige Gegend ist bekannt als renommiertes Weinanbaugebiet und bietet Einlass in die aufregende Wildnis des Urewera National Park, für viele der attraktivste Nationalpark der Nordinsel.

Südlich der Bay of Plenty ragt die Nordinsel Neuseelands am weitesten in den Pazifik hinein und liegt der Datumsgrenze am nächsten. Selbst in Neuseeland vermitteln nur wenige Plätze ein so vollständiges Gefühl von Abgeschiedenheit und Zeitstillstand wie das East Cape. Forscher und Siedler aus Ost und West sind am Ostkap zuerst gelandet: Polynesier vor etwa 1000 Jahren, James Cook als erster Weißer 1769.

Strandpartie zum Cape Kidnappers

Coromandel Peninsula – Bay of Plenty – Eastland – Hawkes Bay

Die Halbinsel sieht auf der Karte aus wie ein Daumen, der nach Norden weist. Gold und Kauri zogen Weiße vor 120 Jahren in dieses zerklüftete Waldgebiet – als die Natur erschöpft war, gingen die meisten wieder. Heute leben hier Konservative neben Halbaussteigern, Besucher können tauchen, angeln, Boot fahren, schwimmen, campen, wandern oder nach Edelsteinen suchen. Ein Großteil der Coromandel-Halbinsel steht als »Forest Park« unter – wenngleich recht gemäßigtem – Naturschutz und lässt sich auf einer Rund-fahrt erforschen. Die Reise beginnt an der Westseite, in Thames, mit rund 6000 Ein-wohnern zwar die größte Ansiedlung auf der Halbinsel, aber nur noch ein Schatten ihrer einstigen Größe zu Goldrauschzeiten. Im Kauaeranga Valley befindet sich ein Infor-mationszentrum der Naturschutzbehörde. Hier sind wir bei den Holzfällern, die ab dem Jahr 1795 die Kauri-Wälder rodeten. Für den Transport der tonnenschweren Rie-sen ans Meer staute man Bäche auf – 60 dieser gezimmerten Dämme baute man im Kauaeranga Valley. Wanderer können das Tal auf den vielen, insgesamt über 50 Kilometer langen Pfaden durchstreifen.

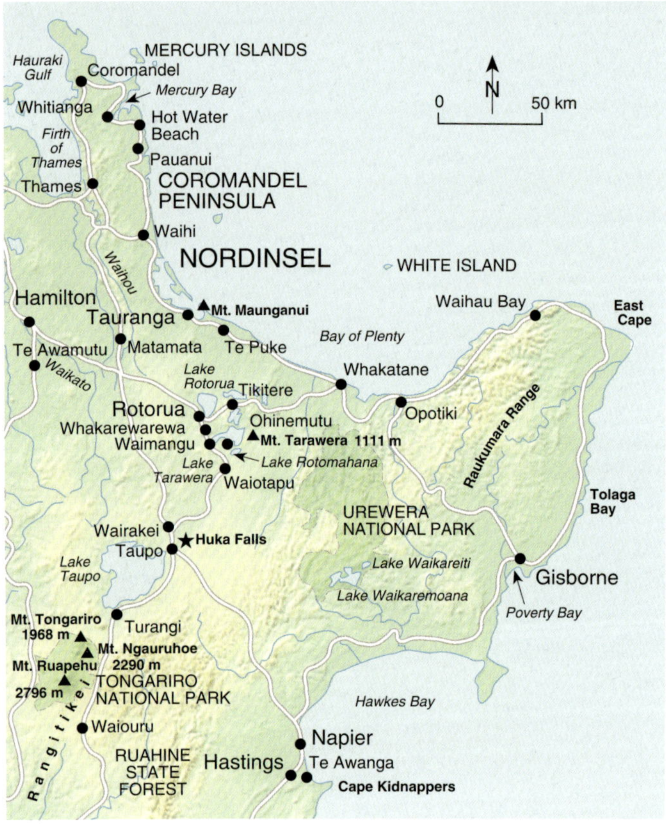

Zum Ende der Halbinsel

Nördlich von Thames wird die Straße kurvenreich und folgt der Küste. Der Ort Coromandel bietet Histörchen: 1852 fand man hier das erste neuseeländische Gold. 2000 Menschen hetzten über den Golf von Hauraki – und wurden enttäuscht: Coromandel-Gold steckt in hartem Quarzgestein; erst 15 Jahre später stieß man auf eine Goldader, die die teure Förderung rechtfertigte.
Von Coromandel aus kann man in klaren Nächten über den Hauraki-Golf hinweg die Lichter von Auckland sehen – als läge die Stadt auf einem anderen Stern. Zeit bedeutet hier nichts, Geld wenig. Maler betreiben Landwirt-schaft, Töpfer besorgen ihren Garten, Weber züchten Schafe und haspeln selber Wolle – so finden hier alle eine angenehme alternative Lebensgrundlage.
Colville ist die letzte Einkaufsmöglichkeit vor dem Kap. Nun geht es noch 29 Kilometer auf einer sehr schmalen Straße nach Norden – für viele ist das hier die Königsetappe. Der Weg führt um den Mount Moehau herum – mit 891 Metern der höchste Punkt der Halbinsel: Auf seinem Gipfel liegen Häuptlingsgräber – nach einer Maori-Legende hausen hier auch kleine hellhäutige menschenähnliche Elfen, Patupaiarehe, die Wanderern Geschenke anbieten – wer sie annimmt, ist gefangen und verloren.
In der Tat: So kann es einem gehen, wenn man die unberührte Schönheit von Port Jackson und Fletcher Bay am Kap sieht. Hier endet die Straße; ein dreistündiger Wanderweg – der Coromandel Track – führt an die Ostküste nach Stony Bay. Wer das Auto dorthin bringen will, muss 40 Kilometer weit um den Moehau herumfahren. Für den weiteren Weg nach Süden kann man dann an der Ostküste bleiben.

Heiße Wasser an kühler Brandung

Whitianga ist ein nur im Sommer lebendiger Ort mit historischem Gewicht: In der vorgelagerten Mercury Bay beobachtete James Cook den Transit des Merkur. Den feineren Sandstrand findet man auf der anderen Seite des Hafens am Cooks Beach, der mit einer Personenfähre erreicht werden kann. Zum

1 *Die bezaubernde Waipiro Bay.* – 2 *In der Tolaga Bay sind »Wasserratten« zu Hause.* – 3 *Die Rettungsschwimmer arbeiten ehrenamtlich.* – 4 *Spielzeug für Touristen: die Driving Creek Railway bei Coromandel.* – 5 *Die heißen Quellen am Hot Water Beach wirken Wunder!*

1

2

3

4

5

1

schönsten Badeplatz muss man allerdings zu Fuß gehen: Vom Küstenort Hahei führt ein halbstündiger Wanderweg an den Strand der Cathedral Cove, benannt nach der kathedralenartigen Felshöhle im ansehnlichen Bühnenbild der Natur.
Hot Water Beach heißt bezeichnenderweise ein langer Strand, auf dem bei Ebbe heiße Quellen aus dem Sand treten: Wer eine Schaufel mithat, kann sich ein warmes Bad graben. Südlich des Strandes sind Tairua und Pauanui nennenswerte Ansiedlungen, sowie Whangamata. Fröhliche Neuseeländer vergnügen sich hier im Sommer an den Stränden und in Fischrestaurants, die frisch gefangene Langusten und delikate Jakobsmuscheln servieren.
Ab Whangamata verläuft der Highway landeinwärts. In Waihi fanden im Jahr 1878 zwei Prospektoren die reichste Goldader Neuseelands: Die in den 1950er-Jahren stillgelegte und 1988 wiedereröffnete Martha Mine scheffelt immer noch Geld mit Gold. Nach Ende des Tagebaus soll die verwundete Landschaft als Freizeitpark wiederhergestellt werden.

Bucht des Überflusses

Auch die Bay of Plenty trägt ihren Namen zu Recht: Zitrusfrüchte, Kiwi, Tamarillo (Baumtomate) und Feijoa gedeihen auf fruchtbaren Böden zwischen zahllosen Thermalquellen. Zur Besichtigung der großen Landgüter werden den Touristen Elektrowägelchen und Tonbandkommentare angeboten – sehr viel netter ist der Besuch kleiner Farmen.
Ab dem Jahr 1863 wurde den eingesessenen Maori vom Stamm der Ngai te Rangi das Land an der Bay of Plenty abgenommen – quasi mit der Brechstange: Tauranga, die größte Stadt an der Bay, war einst eine Militärkaserne. Die Befestigungen »The Camp« auf zwei Hügeln am Hafen zeugen noch davon. Landkriege machten der hiesigen Mission ein Ende, aber der Priester blieb: Pastor Brown kaufte das Missionshaus privat, pflegte die Verwundeten und begrub die Toten beider Seiten. Heute liegt der Pastor neben ihnen auf dem Militärfriedhof von Otemataha begraben.
Es kann heiß werden an der Bay. Für solche Tage empfiehlt sich der nahe Mount Maunganui – ein Vulkankegel, an den ein sehr schöner Strand grenzt. Am Fuß des Berges laden zudem heiße Salzwasserquellen zum ungewöhnlichen Bad ein.
Te Puke liegt südöstlich von Tauranga. Hier dreht sich alles um die Kiwifrucht: Die ursprünglich als »chinesische Stachelbeere« bekannte Vitamin-C-Bombe kam im Jahr 1906 aus China nach Neuseeland, kommerziell angepflanzt wurde sie erstmals 1937 in Te Puke von Jim MacLoughlin, zum Exportschlager wurde die Frucht erst knapp 25 Jahre später.

Das erste Licht der Welt

Südlich der Bay of Plenty ragt Neuseeland am weitesten in den Pazifik. Hier, nahe der ungefähr mit dem 180. Längengrad zusammenfallenden Datumsgrenze, beginnt seit der entsprechenden Vereinbarung im 19. Jahrhundert jeder neue Tag der Welt. Forscher und Siedler aus Ost und West sind am East Cape gelandet – Polynesier vor etwa 1000 Jahren, Captain Cook 1769. Der Landstrich gehört den Maori, die in etwa die Hälfte der Bevölkerung stellen und deren lokaler Stamm der Ngati Porou viele der besten Holzschnitzer hervorgebracht hat – ihre Werke sind die Paradestücke in den Museen von Auckland und Wellington. Vielerorts sieht man ihre Versammlungshäuser: Poho-o-Rawiri am Fuße des Kaiti Hill ist das größte im Land; zwei der schönsten alten noch erhaltenen findet man in Manutuke – Te Mana ki Turanga, »der Stolz von Turanga«, steht auf dem Whakato Marae; Te Poho Rukupo auf dem Manutuke Marae.
Die malerische Küstenlandschaft lässt sich entlang einer schönen Straße erforschen, die 342 Kilometer von Opotiki nach Gisborne führt – die Rückkehr von Gisborne nach

2

Opotiki über den Waioeka Scenic Highway durch das Landesinnere ergibt eine Rundreise von 490 Kilometern.
Kurz vor Weihnachten ist die beste Reisezeit, wenn die Pohutukawa-Bäume in roter Blüte stehen. Drei Tage Zeit sollte man für die Rundfahrt allerdings mindestens veranschlagen.
An das Kap schließt sich die von James Cook sogenannte Poverty Bay an, in der – anders als der Name (»Bucht der Armut«)

1 *Echte Tätowierungen wie bei diesem Maori vom East Cape sieht man nur noch selten, heute werden die Zeichen meistens aufgemalt. Sie galten einst als Statussymbol. Bei Männern waren Gesicht, Gesäß und Oberschenkel tätowiert, bei Frauen Kinn und Mund.* – 2 *Maori-Schnitzereien zeigen oft einen berühmten Ahnen des jeweiligen Stammes.*

vermuten lässt – Schafe und Rinder saftige Weiden finden sowie Feld-, Zitrus- und Kiwifrüchte ebenso gedeihen wie vollmundig schmeckende Chardonnays.
Auch Gisbornes 33 000 Einwohner leben mit einem falschen Namen: Die Siedlung hieß immer Turanga, ehe sie nach dem britischen Kolonialminister Sir Gisborne benannt wurde, um die ewigen Verwechslungen mit Tauranga in der Bay of Plenty zu vermeiden. Sonne, Wasser, Parks und die großen Strände von Kaiti und Waikanae laden dort zum angenehmen Leben ein, wo der Farmer und Zeichner Murray Ball den neuseeländischen National-Cartoon, »Footrot Flats«, entwickelte, in dem der Farmer Wal und sein Hund »Dog« mit sich, dem Wetter und der Welt kämpfen. 120 Zeitschriftenverleger in aller Welt kauften und publizierten den Comicstrip, auch die Bücher fanden Millionen Leser – und man lernt darin mehr über das Land als in manchem Reiseführer.

1

Geheimnisvoller Urwald

Im Hinterland liegt der vielleicht schönste Nationalpark der Nordinsel: Die Ausläufer eines Gebirgszugs durchziehen den Urewera National Park, erstrecken sich 650 Kilometer weit, bis nach Wellington. Der Name – »versengter Penis« – klingt eher übel, die Gegend aber ist herrlich: Das zerklüftete Urwaldgebiet rund um den See Waikaremoana bietet eine der schönsten Naturlandschaften der Nordinsel.
Dies ist die Heimat der Tuhoe – richtiger Waldkinder, die hier seit Jahrhunderten unter sehr harten Bedingungen gelebt haben und dem Guerillaführer der Maori, Te Kooti, Unterschlupf gewährten. Te Kooti wurde in den Kriegswirren als Spion auf die weit entfernten Chatham-Inseln verbannt. Er entkam, kehrte an die Poverty Bay zurück und begann, als man ihn erneut verfolgte, einen Guerillakrieg gegen die Weißen zu führen. Zulauf verschaffte dem charismatischen Mann mit dem wallenden Bart eine von ihm gegründete Sekte (Ringatu), die unter den Maori bis heute fortbesteht und deren Anhänger Höfe und Soldatencamps überfielen, wie die Hunnen hausten und sich schließlich wieder in die undurchdringlichen Urwälder der Urewera zurückzogen. Eine Folge waren Repressalien gegen die Tuhoe, bei denen Soldaten zum Beispiel Pflanzungen zerstörten – wodurch schätzungsweise 200 Menschen verhungert sein sollen. Dennoch wurde der Aufenthaltsort von Te Kooti nicht preisgegeben. Anscheinend legten ihm die erschöpften Tuhoe aber nahe aufzugeben. Der letzte Schuss der Landkriege fiel am 14. Februar 1872, danach zog sich Te Kooti ins King Country zurück, bis er im Jahr 1882 begnadigt wurde.
Später sollte das Urewera-Gebiet mehrmals vermessen, gerodet und in Farmland umgewandelt werden, was die Tuhoe jedoch mit zähem Widerstand zu verhindern wussten. Diesem Widerstand haben die Neuseeländer den mit 2110 Quadratkilometern größten Nationalpark der Nordinsel zu verdanken.

Klosterwein und Art déco

An der Hawkes Bay liegen zwei Städtchen mit je 60 000 Einwohnern nur 20 Kilometer voneinander entfernt, und doch hat jede ihre eigene Zeitung, Verwaltung, einen eigenen Radiosender und eigene Ansichten. Napier liegt am Meer, wurde nach dem verheerenden Erdbeben von 1931 in Art déco neu gebaut und bemüht sich sehr um Touristen. Bei Hastings wachsen Aprikosen, Kirschen, Pfirsiche, Pflaumen, Äpfel, Birnen – im Frühling steht der »Obstgarten Neuseelands« in voller Blüte.
Hawkes Bay ist zudem das älteste Weinanbaugebiet Neuseelands. Das erste Weingut – »The Mission« – diente französischen Padres als Messweinproduktion. Zwischen Hastings und Napier gibt es heute rund zwei Dutzend Weingüter, die vor allem Chardonnay, Sauvignon Blanc und Cabernet Sauvignon anbauen. Die meisten davon können besichtigt werden; viele liegen an der Church Road (Tipp: The MacDonald Winery).
Das nahe gelegene Cape Kidnappers verdankt seinen Namen der Tatsache, dass die Maori hier einst ein Mitglied von Cooks Mannschaft entführten. Berühmt ist das Cape für seine Tölpelkolonie: Es ist ein Erlebnis, diesen in Australien und Neuseeland nistenden weißen Vögeln aus der Familie Sula bassana serrator mit ihren goldenen Krönchen, den spitzen schwarzen Flügeln und den schwarz umrandeten Augen beim Fischen zuzusehen – in Gruppen stürzen sie sich aus großer Höhe ins Meer und erreichen dabei Geschwindigkeiten bis zu 145 Stundenkilometer.
Die beste Zeit für einen Besuch der nur bei Ebbe von Clifton aus zu erreichenden Kolonie ist zwischen November und Ende Februar.

1 *Im Zentrum von Napier liegt die Marine Parade mit ihren Prachtbauten.* – 2 *Von Gisbornes (33 000 Einwohner) abgesehen, gibt es am Ostkap keinen Ort, in dem mehr als 1000 Menschen zusammenleben.* – 3 *Art déco wurde in den 1930er-Jahren in den USA als Stilrichtung geboren.* – 4 *Beim Art déco Weekend, das jedes Jahr am dritten Februarwochenende steigt, putzt sich ganz Napier im Stil der Dreißigerjahre heraus.*

2

3

4

1

2

3

1 *Te Mata Peak liegt etwa 300 Kilometer von Wellington entfernt und ist der Hauptberg der Hawkes Bay.* – 2 *Der Tölpelgehört zu jenen glücklichen neuseeländischen Vogelarten, deren Erhalt gesichert ist. 70 000 dieser Flug- und Tauchkünstler nisten zwischen Oktober und März an den Küsten und auf den vorgelagerten Inseln.* – 3 *Sonnenuntergang bei Whakatare am East Cape.*

Seite 68/69
An der Ostküste der Coromandel Peninsula liegt rund um den hübschen Urlaubsort Whitianga eine Reihe von Neuseelands viel gefilmten Traumstränden. Hahei Beach ist einer von ihnen.

Seite 70/71
1 *Die Tauware Falls im Te Urewera National Park, 60 Kilometer nordwestlich von Wairoa.* – 2 *Diesen Blick über den hiesigen Lake Waikaremoana genießt, wer auf dem Lake Waikaremoana Great Walk unterwegs ist.* – 3 *Die aufgehende Sonne eines neuen Tages trifft als Erstes auf das Festland beim Ostkap Neuseelands.* – 4 *Der dichte Urwald im Urewera National Park bot entflohenen Maori-Sträflingen während einer 1867 entbrannten Revolte jahrelang Unterschlupf.*

1

2

3

4

Die Nordinsel – der brodelnde Kern

Rotorua ist ein faszinierendes Labor der Natur: Geysire fauchen, Schlammtümpel kochen, Thermalquellen sprudeln und heiße Wasserlöcher dampfen am Siedepunkt. Die Region im Herzen der Nordinsel pocht nur so vor vulkanischer Aktivität und bietet jede Menge exotischer Maori-Folklore, mehr oder weniger authentisch, aber meist in Verbindung mit einem opulenten Hangi, dem traditionell polynesischen Festschmaus. Im Süden schmiegt sich die freundliche Kleinstadt Taupo an Neuseelands größten See, entstanden nach einer gewaltigen Eruption vor etwa 27 000 Jahren. Mit vulkanischen Aktivitäten überrascht bis heute und weiter südlich der Tongariro National Park, wo der Ruapehu alle paar Jahre wieder ausbricht und dann prompt eine Wintersportsaison am Berg zum Schmelzen bringt. Ein anderer Vulkan im Westen, Taranaki genannt, bewahrt erst mal Ruhe und zieht sich gerne hinter dichte Wolken zurück, im Schutz des Mt. Egmont National Park.
Und dann ist da noch der wilde Whanganui National Park auf dem Weg zur Hauptstadt Wellington.

Heißes, mineralienreiches Thermalwasser sprudelt im Champagne Pool in Waiotapu, 30 Kilometer südlich von Rotorua gelegen.

Geysire, Vulkane und Maori-Kultur

Am Whanganui River

Rotorua steht auf der Liste fast aller Neuseelandbesucher. An der Luft liegt das allerdings nicht: Es riecht hier, man muss es sagen, ganz übel nach Schwefel. Das Städtchen mit seinen knapp 70 000 Einwohnern liegt an einer Bruchlinie der Erdkruste. Das macht den Bezirk zu einer geologischen Baustelle, in der es aus dem Boden nur so blubbert, faucht und zischt.

Hier leben die Nachfahren von Seefahrern, die einst in der Bay of Plenty landeten: »Te Arawa«, »der Hai«, hieß damals ihr Kanu, und so heißt auch ihre heutige Maori-Konföderation. Unter den anderen Maori-Stämmen fanden sie nur wenige Freunde – auch deshalb kämpften sie in den Landkriegen stets auf der Seite der Weißen. Als Friede einkehrte, begann die Regierung das Stammesgebiet als Kurort zu erschließen. Sogar die englische Königin Victoria zeigte sich dankbar für die Treue der Arawa und schenkte ihnen eine Büste ihrer höchsteigenen Königlichen Hoheit. Entsprechend huldvoll blickt die Arbeit des königlichen Bildhauers unter einem Baldachin im Maori-Dorf Ohinemutu auf den See Rotorua.

Erdwärme und heiße Liebe

Heute ist der Platz unter dem Baldachin leer – Te Arawa haben, so heißt es, die Büste weggeräumt, die Erinnerung an diesen Teil ihrer Vergangenheit wird nicht mehr geschätzt. Ohinemutu, der alte Kern der Siedlung Rotorua, ist kein schlechter Platz, um die Besichtigung zu beginnen. Hier findet man ein schönes Versammlungshaus der Maori und – direkt am See – die kleine St. Faith's Church. Bei der Kirche ruhen die Toten in massiven weiß gekalkten Stein- und Betonsärgen über der heißen Erde. Anderswo im Dorf weiß man die thermischen Aktivitäten produktiv zu nutzen: In dampfende Erdlöcher wurden Metallgitter eingelassen, auf die die Maori ihre zu kochenden Speisen legen, ehe sie die Grube mit einem Holzdeckel schließen – fertig ist der Dampfkochtopf. Sinnigerweise wird der Dampf auch gleich in Rohren unter den Häusern durchgeleitet, was dem Luxus einer Fußbodenheizung schon ziemlich nahekommt.

Rotorua wird meist als »zweiter See« übersetzt. »Rua« heißt aber nicht nur »zwei«, sondern auch »Krater«, Rotorua bedeutet also zugleich »Kratersee«, was er ja tatsächlich ist. Im See liegt die Insel Mokoia, zu der sich die Maori eine gar allerliebliche Liebesgeschichte erzählen. Und die geht so: Der junge Häuptling Tutanekai lebte auf dieser Insel im See, das Mädchen Hinemoa am Festland. Aber was wäre die schönste Liebesgeschichte ohne Liebesverbot. Desgleichen taten also die Familien der beiden wie weiland die von Romeo und Julia. Einsam klang Tutanekais Flöte ans Ufer – Hinemoas Familie versteckte die Boote. Da band sich das Mädchen ausgehöhlte Kürbisse als Auftriebshilfe um den Körper und schwamm in der Nacht durch den kalten See. In Mokoia angekommen, stieg sie sogleich in das Becken einer heißen Quelle, wo sie sich wärmte, bis Tutanekai sie freudig fand. Der Rest war vermutlich mehr als Schweigen.

Mokoia ist weiterhin eine Reise wert: Die heiße Quelle lädt noch immer zum Bad ein, und auf einem Rundgang um die Insel lässt sich das hiesige Vogelschutzgebiet mit seinen

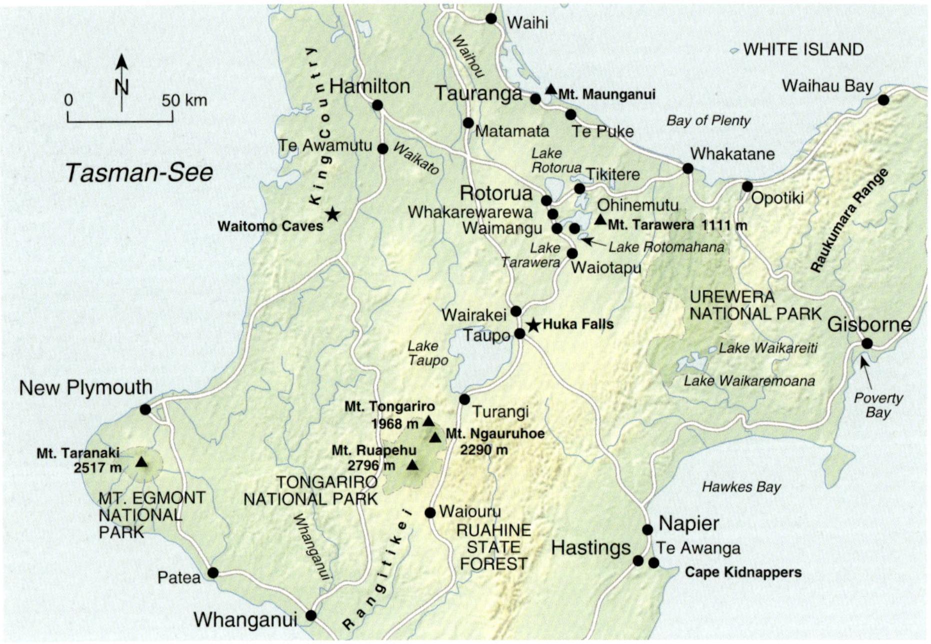

1 Der Mount Taranaki, auch Mount Egmont genannt, ist mit seinen 135 000 Jahren für vulkanische Verhältnisse noch ein Jüngling. – 2 Die Insel White Island liegt vor der Küste der Bay of Plenty und ist Neuseelands aktivster Vulkan.

1

2

1

gefiederten Bewohnern in Ruhe betrachten. 1889 wurden die ersten Forellen im Rotorua-See ausgesetzt; sie gediehen prächtig: Wer eine kosten möchte, muss sie selbst fangen.

Maori-Folklore am Vulkan

In den Government Gardens am See steht ein ehemals nobles Heilbad, das nun als Museum und Kunstgalerie dient. Daneben liegen die Thermalbäder des Polynesian Spa. Auch die heißen Quellen von Whakarewarewa sind für viele Besucher ein Pflichtstopp: Hier zeugt Te Puia als eine Art Freilichtmuseum von der traditionellen Lebensweise der Maori. Angeschlossen ist eine renommierte Schnitzerei, in der ausschließlich Männer am Werk sind. Im Thermalgebiet regiert Pohutu, der größte Geysir im Land, dessen Fontänen bis zu 30 Meter hoch werden können – meist sogar mehrmals am Tag. Einen ersten Überblick über Rotorua und Umgebung erlaubt der Aussichtsberg Ngongotaha, auf den eine Kabinenseilbahn führt. Abenteuerlustige können auf einer 900 Meter langen Rutsche wieder ins Tal gelangen. Spannend sind auch Rundflüge in kleinen Maschinen. Fast alle haben ein berühmtes Katastrophengebiet im Programm: den Mount Tarawera (»verbrannter Speer«), ein 1111 Meter aufragender Vulkan, der als erloschen galt, ehe er am 10. Juni 1886 regelrecht explodierte. Über ein Gebiet von 15 000 Quadratkilometern schleuderte er Felsen, Lava, Asche und begrub Dörfer, in denen seinerzeit 147 Maori und sechs Europäer lebten.

Erleuchtung in der Unterwelt

Westlich von Rotorua liegt die Landschaft des Waikato River. Neuseelands längster Fluss produziert ein Viertel der Elektrizität im Land und schuf ein reiches Farmland. Die Milch der hier weidenden glücklichen Kühe brachte Generationen von Farmern Wohlstand; andere machten mit Obst und Gemüse, Pferdezucht oder der Haltung von Schafen und Rindern ihr Glück. Die Höhlen von Waitomo sind nur eine Attraktion für Erstbesucher; zu den wirklichen Geheimnissen dieses Landstrichs zählen der Sitz des Maori-Königtums in Ngaruawahia, die behagliche Binnenstadt Hamilton und schließlich die weltvergessenen Strände und Häfen an der Westküste bei Raglan und Kawhia. Die Kalksteinhöhlen von Waitomo haben bereits 16 Millionen Jahre Geschichte auf dem Buckel. Einst waren sie Teil des Meeresbodens – bedeckt von Muschelschalen, die das Meer zu Kalkstein verdichtete; dann schob sich Sandstein darüber. Nur einen geologischen Augenblick später, nach vier Millionen Jahren, tauchte das Land auf, bedeckte sich mit Vegetation. Regen fiel auf modernde Blätter, spülte Kohlendioxid aus; das Wasser filterte durch den Sandstein, zersetzte den Kalk darunter und formte so die Höhlen. Berühmt sind diese schönen Waitomo Caves für ihren unterirdischen See und dessen Deckenbeleuchtung: Tausende Glühwürmchen (*Arachnocampa luminosa*) hängen dort und lassen einen Punkt auf ihrem Körper strahlen. Das Schauspiel hat ästhetischen Wert, aber noch mehr pragmatischen Nutzen: Mit ihrer Leuchtreklame locken die Insektenlarven potenzielle Beute in ihre klebrigen Angelfäden.

Auf Thermaltour

Etwa 20 Kilometer südöstlich von Rotorua entfernt liegt das Waimangu Volcanic Valley mit dem größten Heißwassersee der Welt. Ein bequemer Fußweg führt an blubbernden Kraterseen, heißen Bächen und algenbedeckten Kieselerde-Terrassen vorbei zum Ufer des Lake Rotomahana. Dort kann man schöne schwarze Schwäne beobachten oder mit einem Boot zu den Steaming Cliffs fahren. Im Tal liegt auch der erloschene Waimangu-Geysir, der zwischen 1900 und 1904 schwarzes Wasser und Schlamm bis zu 500 Meter hoch in die Luft schleuderte. Nur zehn Kilometer südlich kommt man dann zum Waiotapu Thermal Wonderland, ein parkähnliches Areal mit heißen Champagne Pools und den Bridal Veil Falls. Morgens ist es dort am schönsten. Noch etwas weiter südlich, etwa 70 Kilometer von Rotorua entfernt, liegen die heißen Quellen von Orakeikorako. Ein Boot bringt den Besucher über den See Ohakuri zum eigentlichen Thermengebiet mit seinen Terrassen und unterirdischen Thermalquellen.

Das geothermische Kraftwerk von Wairakei nützt den heißen Wasserdampf des Erdinneren, der aus Bohrlöchern über Rohre in Turbinen geleitet und zu Strom umgewandelt wird. Im Besucherzentrum wird einem das alles auch auf Deutsch erklärt.

Jeder Krater ist anders

Spektakulärer anzusehen sind die Huka Falls: Hier stürzt der Waikato aus einer schmalen Schlucht über eine zwölf Meter

1 *Im Mondschein und bei leichtem Nebel umgibt den Mount Taranaki eine romantische, fast gespentische Stimmung.* – 2 *Spuren des traditionellen Lebens der Maori sind vor allem auf der Nordinsel allgegenwärtig, hier beispielsweise eine rot gefärbte Holzschnitzerei, die das Liebespaar Hinemoa und Tutanekai darstellt.*

hohe Felswand, von Touristen auf zwei Plattformen bestaunt. Seine Quelle ist der Lake Taupo, über 600 Quadratkilometer groß und damit der größte See Neuseelands, entstanden im Lauf der Jahrtausende durch Vulkanausbrüche. Nur vom Boot aus kann man den vielfarbigen Felsabsturz der Karangahape Cliffs sehen. Der Ort Taupo mit seinen 22 000 Einwohnern hat sich in den letzten Jahren auf eine Zukunft im Tourismus eingerichtet. Am Ostufer liegt ein

kleiner Flughafen, von dem Hubschrauber oder Flugzeuge zu Rundflügen über den nahen Tongariro National Park starten, der zum Weltkulturerbe gehört. Seinen Kern bilden drei Vulkansysteme, allesamt aktiv: Tongariro (1968 m) liegt dem Taupo-See am nächsten. Er ist der kleinste Vulkan und hat dem Nationalpark den Namen gegeben. Südlich davon: Ngauruhoe (2290 m) und Ruapehu – mit 2797 Metern der höchste Berg der Nordinsel. Das Informationszentrum des Parks im Bergdorf Whakapapa liegt 1127 Meter über dem Meeresspiegel. Hier gibt es ein schönes altes Hotel, das »Chateau Tongariro«, und vielfältige Wandermöglichkeiten.

Der stille Westen

Taranaki im entlegenen Westen der Nordinsel gehört zu den ältesten Siedlungsgebieten der Maori. In New Plymouth mit rund 50 000 Einwohnern lebt etwa die Hälfte der gesamten Bevölkerung der Region. Optisch dominiert der 2518 Meter hohe Vulkan Taranaki, wirtschaftlich dominieren Gas und Milch: Die Gasreserven werden zum Teil in Pipelines zu Kraftwerken geleitet und auf Schiffen zur großen Raffinerie in Whangarei gebracht. Die technisch interessanteste Anlage steht bei Waitara – sie wandelt Erdgas zu hochoktanigem Treibstoff um und deckt damit ein Drittel des neuseeländischen Bedarfs. Die fetten Weiden nähren riesige Rinderherden, deren Milch durch gewaltige Molkereien schwappt. Ihre Produkte werden vom Hafen in New Plymouth in alle Welt verschifft, dadurch geriet die Stadt auch zu einem der größten Käseexporteure auf dem Erdball. Besucher kommen aber eher wegen der Gärten hierher. Sehenswert sind auf jeden Fall die 360 Hektar großen Pukeiti Rhododendron Gardens, vor allem in der Blütezeit zwischen September und November. Der Mount Taranaki National Park bildet einen recht engen Kreis um den seit etwa 300 Jahren schlafenden Vulkankegel. Sein europäischer Name – Egmont, nach dem ersten Lord der britischen Admiralität in den Tagen von James Cook – ist langsam außer Gebrauch gekommen. Der Nationalpark enthält den letzten Rest unberührter Wälder in Taranaki. Straßen führen zu drei Schutzhütten auf 900 Metern Seehöhe. Wanganui wurde schon im Jahr 1840 von der New Zealand Company gegründet. Besuchern hat das Städtchen am gleichnamigen Fluss vor allem ein hervorragendes Regionalmuseum mit Maori-Kunstgegenständen und einer Gemäldesammlung zu bieten. Die grüne Hauptattraktion nordwestlich der Stadt heißt Bushy Park. Der Sohn eines Pioniers hat 85 Hektar des schönsten Waldes im Bezirk der Gesellschaft für Vogelkunde vermacht. Die hier stehenden Bäume erreichen einen Umfang von bis zu 13 Metern. Die interessantesten Exemplare heißen Northern Rata – ein rot blühender ungewöhnlicher Baum, der sein Leben nicht als Samen in der Erde beginnt, sondern in der Krone eines anderen Baumes. Von dort sendet die Rata (ein Mitglied der Myrthenfamilie) Wurzeln den Stamm entlang in den Boden, bis er ganz und gar umschlossen ist. Der Whanganui River, Neuseelands längster schiffbarer Fluss, fließt im Unterlauf noch ruhig und gemächlich. Seine eigentliche Schönheit samt Schluchten und Stromschnellen, 32 Kilometer oberhalb von Pipiriki, ist nur vom Wasser aus zu bewundern. Für die insgesamt 79 Kilometer lange Fahrt auf der River Road von Wanganui nach Pipiriki braucht man Muße: Hier ist der Weg das Ziel. Die Maori-Dörfer am Ufer tragen biblische Namen, obwohl die früher hier lebenden Stämme ihren Nachbarn nicht gerade »die andere Wange anboten«. Im Gegenteil: Auf ihr Konto ging etwa die Versklavung – und fast völlige Vernichtung – der friedlichen Moriori auf den Chatham Islands. Besonders schön gelegen ist Jerusalem, ursprünglich Hiruharama genannt, das seit jeher Schwärmer angezogen hat: Erst kamen Missionare, später der Dichter James Baxter (1926–1972), der hier eine therapeutische Lebensgemeinschaft für Alkoholiker, Drogenabhängige und Obdachlose gründete, die sich nach seinem Tod wieder aufgelöst hat.

1 *Die Maori gehen mit einem Lächeln durchs Leben, Alt und Jung gleichermaßen.*
2 *Geschnitzter Figurenschmuck am Giebel eines Hauses im Maori-Dorf Tamaki bei Rotorua.*

Seite 80/81
1 *Der Krater des 1886 plötzlich explodierten Tarawera ist heute eine Allradattraktion auf 1111 Metern.* – 2 *Nicht heiß und nur elf Meter hoch, dafür umso überschäumender: die Huka Falls.* – 3 *Im Tongariro National Park, Neuseelands ältestem Nationalpark.* – 4 *Die Ostküste der Coromandel Peninsula bietet zahlreiche Traumstrände wie den Hahei Beach.*

2

1

2

3

4

1

2

3

4

1 *Drohgebärde: Das Herausstrecken der Zunge ist bei den Maori kein Lausbubenstreich, sondern ein Symbol für Unerschrockenheit.* – 2 *Neuseelands Bevölkerung spiegelt die Landesgeschichte: Vor etwa 1000 Jahren kamen die ersten polynesischen Seefahrer aus den Tiefen des Pazifiks. Um 1850 begann die zweite Kolonisierung durch England.* – 3 und 4 *Die Schnitzkunst der Maori ist so legendär wie filigran.* – 5 *Paddelnde Maori sind keine seltene Erscheinung auf der Nordinsel.* – 6 *Kämpfe zwischen einzelnen Stämmen gibt es heute nicht mehr, doch man sieht den Maori noch immer an, dass sie einst großartige Krieger gewesen sein müssen.*

Seite 84/85
Die Fluten des mehr als 600 Quadratkilometer großen Lake Taupo bedecken mehrere Vulkankrater. Im Hintergrund sieht man den Kegel des Tongariro.

BOOKING OFFICE

Die Nordinsel – das kulturelle Zentrum

Am Südende der Nordinsel, rund um einen riesigen, hufeisenförmigen Naturhafen und vor steil aufragenden Hügeln erheben sich massive Regierungsgebäude, verglaste Konzernzentralen, Shoppingcenter und Hotelbauten: Die modern gestylte Gestalt der Hauptstadt imponiert auf den ersten Blick – und entzückt auf den zweiten mit niedlichen Holzhäuschen im Hintergrund und verschnörkelten Fassaden aus viktorianischer Zeit. Ein mehrtägiger Aufenthalt in Wellington kann in pure Lebensfreude ausarten: shoppen nach Lust und Laune in der Innenstadt, über die Hafenpromenade flanieren, bis hin zur Oriental Bay, das ungeheure Kulturgut nutzen, z.B. im faszinierenden Nationalmuseum, und sich die vielfältige Restaurantszene kulinarisch auf der Zunge zergehen lassen. Echte Genießer entfliehen an Wochenenden gern gen Nordosten, in die ländliche Idylle von Martinborough, wo kleine, aber feine Weingüter hervorragende Tropfen abfüllen. Dort gibt es auch Wege in die menschenleere Wildnis an der harschen Ostküste.

Teamgeist im Hafen von Wellington: Körperkunst gehört dazu zu Neuseelands prestigeträchtigstem Kunstfest, dem biennalen New Zealand International Festival of Arts.

Hauptstadt mit Niveau

Wellington – Martinborough – Masterton – Castlepoint

Das älteste Siedlungsgebiet in Wellington ist eine Halbinsel, sieben Kilometer vor der Stadt. Sie heißt Miramar (spanisch für Seeblick), und jene Sandbank, die sie mit der Stadt verbindet, ist heute als Flughafen ausgebaut. Auf Miramar siedelte einst ein Stamm, der sich nach seinem Begründer »Tara« nannte. Der Maori-Name für Wellington erinnert noch an ihn: »Whanganui a Tara« bedeutet »der große Hafen von Tara«.

Kein glücklicher Anfang

Welcher Maori-Stamm hier im Süden der Nordinsel welches Land besaß, war, gelinde gesagt, ziemlich verworren, als William Wakefield im Jahr 1839 in den Hafen segelte, um für die New Zealand Company Land zu kaufen. Auffallend schnell fand Wakefield »Verkaufswillige« und verteilte (ohne lange nach irgendwelchen Rechtstiteln zu fragen) 100 Musketen, 100 Decken, 60 rote Nachtmützen sowie ein Dutzend Regenschirme an sie. Kein Wunder, dass sich die Maori bei diesem »Landkauf« geprellt fühlten und gegen die frühen Siedler kämpften. Aber auch die Weißen waren nicht glücklich mit der New Zealand Company. Der Pionier John Plimmer etwa klagte, jener Ort, den man ihm als eine Art »Garten Eden« geschildert hatte, sei in Wirklichkeit eine »wilde und raue Gegend«.

Das gilt in jedem Fall für den berühmten Wind von Wellington: Die geballte Energie der »Roaring forties« – starke Westwinde um den vierzigsten Breitengrad – drückt gegen die gebirgigen neuseeländischen Inseln und findet nur an der 23 Kilometer schmalen Lücke der Cook Strait einen Ausweg. Wie in einem Windkanal werden die Winde hier zusammengepresst: Das lässt an stürmischen Tagen die Wellen in der Strait bis zu zehn Meter hochgehen. Dazu kamen Fluten und Platzmangel. Die ersten Gründerväter begannen am sumpfigen Ende des Hutt Valley. Als der Fluss ihre Zelte wegspülte, zogen sie in die Bucht von Wellington um (in den heutigen Stadtteil Thorndon). Hier war es zunächst ungeheuer eng – denn wo heute Lambton Quay liegt, rauschte damals das Meer. Erst ein Erdbeben rettete die Siedlung. Dieses hob im Jahr 1855 den Uferstreifen um mehr als einen Meter an. Zehn Jahre später war das ehemalige Siedlernest die Hauptstadt Neuseelands.

Neubeginn

Noch vor 20 Jahren war Wellington ein eher biederer Regierungssitz, sehr nach innen gekehrt und behaglich provinziell. Doch die Wirtschaftskrise Mitte der Achtzigerjahre des letzten Jahrhunderts veränderte auch im neuseeländischen Machtzentrum alles. Binnen fünf Jahren wurde die Zahl der Beamten von 88 000 auf 36 000 verringert. Das war ein tiefer Einschnitt und zwang die Stadt, sich neu zu definieren.
Allein die Sanierung der Waterfront, vergleichbar mit den chic designten Londoner Docklands, veränderte den Look der Hauptstadt enorm. Prunkstück der ersten Bauetappe war Te Papa, das 140 Millionen Euro teure neu errichtete Nationalmuseum.
Wie andere Hauptstädter auch nehmen die meisten der knapp 400 000 Wellingtonians sich selbst, gut sitzende Kleidung, feines Essen und feinen Wein recht wichtig. Gerüchte um saftige Liebes- und Finanzaffären in den Korridoren der (kleinen) Macht ernähren die Stadtseele und werden genüsslich zum (hervorragenden) Kaffee verund ausgebreitet. Einen grandiosen, wenn auch meist zugigen Rundblick über den Naturhafen der Stadt und die Cook Strait hat man auf dem Mount Victoria in der Oriental Bay. Alle anderen Attraktionen liegen innerhalb eines Dreiecks, dessen längste Seite zwei Kilometer misst, und können gut zu Fuß besichtigt werden.

Bummel durch die Stadt

Was im Zentrum schnell auffällt, ist die freie moderne Architektur. Beispiele sind etwa das Michael Fowler Centre – Stadthalle und Kongresszentrum in einem – oder die neue Bibliothek. An ihrer geschwungenen Außenfassade stecken Palmen aus Beton und Metall.
Die ebenfalls avantgardistische City to Sea Bridge führt zum früheren Hafengelände, wo sich nun der gewaltige Bau des Nationalmuseums ausbreitet. Daneben liegt die Mole, an der Kreuzfahrtschiffe anlegen, dahinter die Oriental Bay, deren Sandstrand aus England stammt – Schiffe haben hier ihren Ballastsand aufgeschüttet.
Lambton Quay heißt die arkadengesäumte Haupteinkaufsstraße Wellingtons. Auf halber Strecke befindet sich die Talstation der

1 und 2 *Ein Museum für alle Kiwis sollte es werden, das Te Papa, dessen Name denn auch »Unser Ort« bedeutet.* – 3 *Zahlreiche Exponate beleuchten hier die Natur- und Kulturgeschichte des Landes.* – 4 *Straßenszene in der Downtown.* – 5 *Auch einen urzeitlichen Moa beherbergt das Te Papa.*

1

2

3

4

5

1

2

Cable Car. Diese elektrisch betriebene Standseilbahn fährt alle zehn Minuten den steilen Berghang hinauf nach Kelburn und zu den Botanischen Gärten. Auch hier oben hat man einen schönen Ausblick auf die Bucht. Im angrenzenden Early Settlers Memorial Park liegen Wellingtons erste Bürger begraben. Die Bowen Street führt einen dann wieder hinunter – ins Regierungsviertel. Hier fällt zunächst der »Beehive« auf, das kreisrunde Regierungsgebäude, in dem mit den vielen Politikern und Beamten ein Gewimmel herrscht wie in einem Bienenkorb, weshalb das Gebäude im Volksmund auch so genannt wird.

Nebenan steht der Marmorblock der Parliament Buildings aus dem Jahr 1922, eingerichtet ganz wie das Westminster in London, wovon sich Besucher bei Führungen überzeugen können. Die neugotische Kongressbibliothek (General Assembly Library) schließt das Ensemble ab. Schräg gegenüber erstreckt sich eine elegante Fiktion: Die vermeintlichen Steinquader der Government Buildings sind in Wirklichkeit Kauri-Holz. Das zweitgrößte hölzerne Gebäude der Welt beherbergt heute einen Teil der Universität.

Ein Abstecher in die Molesworth Street führt ins »Backbencher« – das Wirtshaus zum Hinterbänkler. Dieser witzige Pub erfreut seine Stammkundschaft mit Drinks wie dem »Korruptionisten-Cocktail«.

In der Mulgrave Street befindet sich das Staatsarchiv (National Archives). Dort wird unter anderem das Original des Vertrages von Waitangi aufbewahrt. Ein paar Häuser weiter steht Old St. Paul's – eine eindrucksvolle kleine Holzkirche aus dem Jahr 1866. Die Tinakori Road durchmisst Thorndon, das historische Viertel, wo man das Geburtshaus von Katherine Mansfield besuchen kann. Die ebenso talentierte wie tragische Literatin ist vor allem mit ihren Kurzgeschichten über die Landesgrenzen hinaus bekannt geworden.

Ein Toast auf Martinborough

Wer von Wellington in Richtung Osten fährt, das Hutt Valley und seine beiden Industriesiedlungen links liegen lässt, stößt an die Rimutaka Ranges: Die Hügel sind 900 Meter hoch und steil, für die Überquerung braucht man eine Stunde und im Winter Schneeketten; Warnungen vor Sturmböen gelten ganzjährig. Ist man erst einmal drüben, öffnet sich eine sanfte grüne Welt – das Wairarapa-Gebiet. Bis vor Kurzem hatten die kleinen Orte wenig mehr als ihre Vergangenheit, Greytown war als ehemalige Bezirkshauptstadt bekannt, Featherston für ein Kriegsgefangenenlager im Zweiten Weltkrieg. Erst das Dorf Martinborough, dessen Grundriss der britischen Flagge nachgebildet ist – ein Zeichen für die Heimatliebe des Gründervaters Sir John Martin – hat das Image aufpoliert: Denn hier weiß man anständig zu feiern, z.B. mit einem feinen Weinfest namens Toast Martinborough. Dabei präsentieren stolze Winzer einige der besten Pinot Noirs des Landes; Kostproben von Te Kairanga Vineyards werden in einem Siedlerhäuschen aus dem Jahr 1860 serviert.

Der Lake Wairarapa ist heute die größte Landmaschine in Neuseeland: Ständige Überflutungen durch den Ruamahanga River ließen die Landnutzung rund um den See nicht zu, nun wird der wilde Fluss am Wairarapa-See vorbei und in den See Onoke umgeleitet. Das macht den Wasserstand des Sees berechenbar und schaffte 30 000 Hektar Farmland.

Im Norden des Wairarapa liegt Masterton: Diese blühende Siedlung teilen sich rund 20 000 Einwohner mit etwa drei Millionen Schafen. Jedes Jahr in der ersten Märzwoche werden hier die »Golden Shears« ausgefochten – nationale Meisterschaften im Schafscheren. Abstecher erlauben Blicke auf die wilde Ostküste. Honeycomb Rocks Walkway ist ein acht Kilometer langer Rundweg durch bizarre Felsen, vorbei an einer Seehundkolonie und einem Schiffswrack. Castlepoint bietet sowohl eine prachtvolle Brandung als auch eine geschützte Lagune.

1 *Wellingtons schicke Holzhausarchitektur bietet hervorragende Ausblicke: Die Natur erzwingt den Hausbau am Hang.* – 2 *Das neue und alte Parlament in Wellington.* – 3 *Bei »Starfish« bekommt man flotte neuseeländische Mode.*

Seite 92/93

1 *Martinborough nordöstlich von Wellington wird wegen seiner Weingärten und Gourmetlokale geschätzt.* – 2 *Unter Vogelschutznetzen reifen bei Margrain die Trauben der Lese entgegen.* – 3 *Das Castle Point Lighthouse.*

1

2

3

1

Die legendäre Cable Car Wellingtons wurde von 1899 bis 1902 ursprünglich zweigleisig erbaut und fährt mit etwa 18 Stundenkilometern von der Hauptgeschäftsstraße der Stadt zum Univiertel Kelburn hinauf.

Seite 96/97
Romantische Kulisse: Wellington im Abendlicht.

Die Südinsel – sonniger Norden im Süden

Der Norden der Südinsel hat Urlaubern viel zu bieten: die sonnigste Ecke Neuseelands (der Rekord steht auf 2686 Stunden im Jahr), mit die besten Weißweine der Traubenart Sauvignon Blanc, drei wanderbare Nationalparks und herrliche Sandstrände an üppiger Vegetation. Wer mit der Fähre von der Nordinsel übersetzt und in die Marlborough Sounds eindringt, bekommen zur Begrüßung die stille Schönheit der weitverzweigten Fjordlandschaft geboten – und will doch meist bald weiter: in den entlegenen Nordwestzipfel, an das ausladende Halbrund der Golden Bay, wo die Südinsulaner nur allzu gerne ihre Ferien verbringen und die Straße mit einem Mal zu Ende ist. Nur ausdauernde Wanderer finden dort einen Weg durch dichten Regenwald und über schroffe Höhen bis an die West Coast. Die besseren Verkehrsanbindungen – selbst ein Zug fährt hier – genießt zweifellos die Marlborough-Region im Osten. Und die Kleinstadt Blenheim liegt hier praktisch mittendrin, in dem größten und ergiebigsten Weinanbaugebiet Neuseelands.

Der Abel Tasman National Park gehört zu den meistbesuchten Nationalparks Neuseelands. Viele Besucher genießen seine beeindruckende Landschaft bei sportlichen Aktivitäten wie Kanu- oder Kajakfahren.

Provinz der Gegensätze

Marlborough Sounds – Abel Tasman NP – Golden Bay – Blenheim

Die verträumten Buchten mit ihren goldenen Sandstränden zieren viele internationale Reiseprospekte. Ihr Hinterland ist aber meist karg und steinig, die Berghänge sind steil und unzugänglich, die Ansiedlungen eher klein und meistens ziemlich reizlos.
Die drei Nationalparks wiederum sind voller Wunder, und so unterschiedlich wie die Landschaften sind auch die Menschen in diesem teil Neuseelands: Das milde warme Klima zog Aussteiger an, die töpfern, weben, ökologische Kräuter anbauen und auch ein wenig von Sozialhilfe leben.
Typisch für die Gegend sind aber auch alteingesessene konservative Farmer, die sich mit Schafen, Holz, Tabak, Hopfen und Äpfeln befassen.
Sie haben es lange schwer gehabt in der gebirgigen Landschaft und finden das leichte Sein der unbeschwert dahinlebenden Nachbarn eher unerträglich. Auch der neue Reichtum der Weingüter erscheint aus ihrem Blickwinkel frivol.

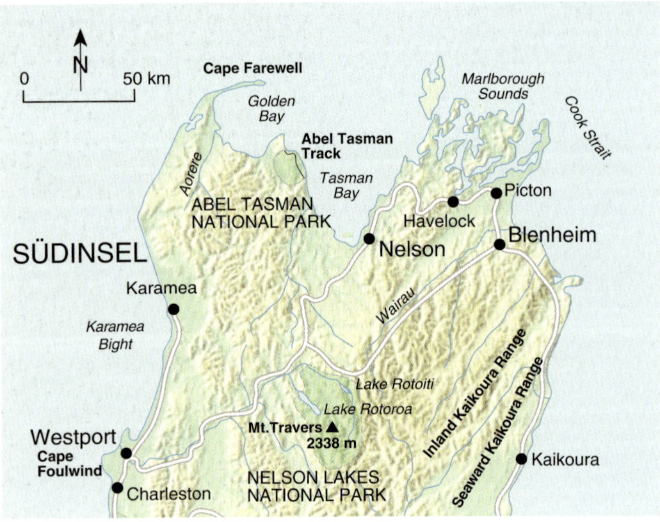

Im Labyrinth der Marlborough Sounds

Viele Urlauber sehen die Südinsel zuerst vom Schiff aus – an Bord einer Fähre, die von Wellington nach Picton dampft. Tapfer überqueren sie dabei die Cook Strait, die einzige nur 23 Kilometer breite Lücke in der 1600 Kilometer langen Landmasse Neuseelands. In dieser Meerenge pressen sich lebhafte Westwinde zusammen, die dem Breitengrad den Spitznamen »Roaring forties«, »Brüllende Vierziger« gegeben haben und sich auf bis zu 240 Stundenkilometer beschleunigen können – dann gehen die Wellen meist bis zu zehn Meter hoch. Aber keine Angst: Meist ist die Überfahrt harmlos, oft ein Erlebnis. Sobald man in die Marlborough Sounds der Südinsel einfährt, öffnet sich eine malerische Fjordlandschaft mit zahllosen kleinen Buchten und Inseln. Diese Gegend gehört zu den beliebtesten Urlaubsgebieten Neuseelands. Aber selbst in der Hochsaison finden sich noch einsame Plätzchen. Über Immobilienmakler kann man ein Ferienhaus mieten; wer der Natur noch näher kommen will, campiert. Manche Stellen können mit dem Auto oder Wohnmobil erreicht werden, die meisten der ausgefransten Landreste sind allerdings nur per Boot zugänglich.
Wassertaxen bringen Urlauber zu einsamen Inseln. Die Kleinststadt Picton am Queen Charlotte Sound ist der Endpunkt der Fähre und Heimathafen für die Wassertaxen. Auf einer Seite der Picton Bay dient ein altes Handelsschiff, die »Echo«, dem Jachtclub als Bleibe. Jenseits der Bucht liegt ein noch viel älteres Schiff – das weltweit letzte erhaltene Exemplar seiner Art: Die »Edwin Fox« wurde im Jahr 1853 in Burma aus Teakholz gebaut, hat erst Sträflinge nach Australien und dann Auswanderer nach Neuseeland gebracht. Ihre faszinierende Geschichte wird in einem kleinen Museum erzählt.
Die reizvollste Rundfahrt mit dem Auto (105 km) führt von Picton über den Queen Charlotte Drive nach Havelock, in ein hübsches altes Dorf am Pelorus Sound mit wunderschönen Aussichten auf das Meer.

Von gutem Wein zu frischem Fisch

Blenheim hat etwa 28 000 Einwohner und gehört zu den sonnenreichsten Städten Neuseelands. Das Klima und der Boden erzeugen seit 25 Jahren außergewöhnliche Weine. Der in Europa oft eher fade Sauvignon Blanc schmeckt hier fruchtig und gehaltvoll. Die meisten Güter sind auf Besuch eingerichtet, viele liegen um Renwick – zu den renommiertesten gehören Cloudy Bay, Te Whare Ra, Allan Scott sowie Hunters.
Die Route von Blenheim nach Nelson (115 km) führt durch das schöne Kaituna Valley nach Havelock. Dahinter zweigt eine Straße zum French Pass ab. Sie führt zum äußersten Nordende der Sounds und zu vielen stillen Plätzchen am Ufer. French Pass selbst ist eine schmale schilfbewachsene Wasserstraße zwischen dem Festland und der D'Urville-Insel, die ihren Namen dem

1 *Das malerisch gelegene Restaurant »The Boatshed« in Nelson wurde nach einem legendären englischen Admiral benannt.* – 2 *Ein idyllischer Garten umgibt das im Jahr 1855 erbaute Broadgreen House in Nelson.*

1

2

französischen Entdecker Dumont d'Urville verdankt, der hier 1827 sein Schiff »Astrolabe« durchlotste.

Als erster Platz Neuseelands erhielt Nelson im Jahr 1858 ein Stadtpatent – 2700 Bewohner applaudierten damals. Heute leben um die 44 000 Menschen hier an der Tasman Bay mit ihrem geschäftigen Fischereihafen. Zu den wenigen innerstädtischen Sehenswürdigkeiten gehört der Founders Heritage Park, der aus Oldtimern und einem Museumsdorf von 1880 besteht. Die interessantesten Kirchen findet man außerhalb, in Richmond, Waimea West und Wakefield.

Abel Tasman auf der Spur

Ein Stück landeinwärts führt eine schmale Landstraße als Moutere Highway durch idyllisches Farmland, wo das Dörfchen Upper Moutere von der einstigen deutschlutherische Siedlung Sarau zeugt. In der Nähe liegt das hübsche Weingut Neudorf, dessen Restaurant zu einer Rast einlädt.
Im Hafen von Mapua duftet es köstlich nach geräuchertem Fisch. Den serviert oder verkauft das Lokal direkt an der Kaimauer.
Motueka bildet das Tor zur Golden Bay und zum Abel Tasman National Park. Die Strände von Kaiteriteri und Marahau laden zum Schwimmen ein – von hier aus kann man auch in den Nationalpark wandern. Vor der Küste des Nationalparks ankerte im Dezember 1642 das Schiff des holländischen Entdeckers Abel Tasman. Und hier kam es auch zum ersten Kontakt – und Konflikt – zwischen Weißen und Maori. Von relativ ebenen Wanderwegen durchzogen, ist der Park heute im Hochsommer stark frequentiert. Man kann dem Waldgebiet dabei von zwei Seiten zu Leibe rücken: Der etwas einfachere, mühelosere Zugang liegt im Süden bei Marahau, in den Nordteil nach Totaranui gelangt man auf einer Stichstraße an der Golden Bay. Dort erwartet einen ein Campingplatz samt Traumstrand, betrieben von der neuseeländischen Naturschutzbehörde DoC. Vier Tage dauert es, die gesamte Küstenlinie des Parks entlangzuwandern; die meisten Besucher begnügen sich aber mit Tagesausflügen und bewältigen den Hin- oder den Rückweg per Wassertaxi.

Naturerlebnisse an der goldigen Bucht

Die Golden Bay ist vor fremden Menschen durch eine Gebirgsmauer geschützt: Sie heißt Takaka Hill und wird von einer Bergstraße überquert, für die erwachsene Autofahrer einen nüchternen Kopf, ihre Kinder einen nüchternen Magen brauchen. Die Bucht selbst bietet vielfältige Attraktionen, die auch in drei Wochen noch nicht erschöpfend erforscht sind. An der windgeschützten Ostseite befinden sich der Hauptort Takaka und einige exquisite Strände. Durch die Te Waikoropupu (kurz: Pupu) Springs fließen oft mehr als 2000 Millionen Liter Wasser pro Tag: die mächtigste Quelle der südlichen Hemisphäre. Nahebei folgt der Pupu Hydro Walkway einem alten Goldgräberdamm. Im Anatoki River kann man ab August zahme Aale füttern.
Die Hügel rund um die Golden Bay enthalten einige der größten Höhlensysteme auf der Südhalbkugel. Die Nettlebed Caves unter dem nahen Mount Arthur reichen bis in 889 Meter Tiefe, keine andere Höhle Neuseelands liegt tiefer. Nordwestlich von Takaka erreicht man Collingwood. Hier starten Busse zu organisierten Ausflügen in die Wildnis auf dem Farewell Spit – einer 35 Kilometer langen Sanddüne, die von über 90 Vogelarten besucht wird. Periodisch stranden an ihm Wale. Viele der Tiere können von Naturschützern gerettet werden.
Bis zum Puponga Farm Park am Zugang zur Düne kann man selbst fahren: In dem herrlich gelegenen Informationszentrum wird gut gekocht, die Umgebung bietet malerische Spazierwege und im obersten Abschnitt der Westküste herrlich wilde Strände wie den Wharariki Beach.

Einsame Landschaften

Südlich von Collingwood liegt das Tal des Aorere: Dieser mächtige Fluss mit seinen Schluchten ist einen Tagesausflug wert.
Hier beginnt eine der berühmtesten Wanderungen Neuseelands: Der Heaphy Track führt in vier bis fünf Tagen durch den Kahurangi National Park nach Karamea an die Westküste. Zelten ist im Sommer zwar vom Klima her kein Problem, überaus unangenehm sind aber die ständigen Angriffe der Sandfly – einer winzigen, schwarzen Mückenart, deren Biss elend juckt.
Diese Plagegeister treiben auch im Nelson Lakes National Park in Schwärmen ihr Unwesen. Das Naturschutzgebiet fern der Küste umfasst knapp 100 000 Hektar unberührte Buchenwälder rund um zwei Seen und bietet Wandervögeln und Forellenfischern paradiesische Aussichten. An den Lake Rotoiti (»Kleiner See«) grenzt der Weiler St. Arnaud mit recht gemütlichen Unterkünften. Der Lake Rotoroa (»Langer See«) besticht mit friedlicher Unberührtheit abseits des Highways.

1 *Vor allem wegen ihrer Farbe ist die Schopf-Fackellilie, im Englischen oft »Red hot poker« genannt, als dekorative Pflanze beliebt.* – 2 *In der Bucht von Te Pukatea im Abel Tasman National Park.*

2

Die Marlborough Sounds gehören wohl unumstritten zu den schönsten Küstenlandschaften in ganz Neuseeland.

Seite 106/107
1 *Das Awaroa Inlet im Abel Tasman National Park kann bei Ebbe zu Fuß durchwandert werden. Für Müde bietet eine komfortable Lodge mit Restaurant Gelegenheit zur Rast.* – 2 *An der Nordwestspitze der Südinsel liegt die Golden Bay. Von ihrem westlichen Ende aus erreicht man in einer halben Stunde den Wharariki Beach, einen der malerischsten Strände Neuseelands.* – 3 *Blick über das Gletscherwasser des Lake Pukaki zu Neuseelands höchstem Gipfel, Mount Cook (3755 Meter). Dieser gibt auch dem ihn umgebenden hochalpinen Nationalpark den Namen.* – 4 *Der Queen Charlotte Sound liegt auf der Strecke der Fähren, welche die Nord- und die Südinsel miteinander verbinden.*

1

2

3

4

43
ACLAND
44
THE POPLARS
45
1
LOCKERBIE
46
DOWNS
75
GROVE FARM
76
LEYLANDS
77
BRAESIDE
78
105
MORVEN HILLS
106
ROSEVILLE
107
GOWER-TERRACES
108
135
CLIFTON
136
10
137
THE PRESS

Die Südinsel – Neues im Osten

Very british, indeed: Christchurch wurde von englischen Einwanderern in der zweiten Hälfte des 19. Jahrhunderts gegründet. Deren eher konservativ gestimmten Nachfahren schufen in der weiten Canterbury-Ebene die englischste Stadt Neuseelands, arrangierten neugotische Bauten zwischen gepflegte Grünanlagen und rund um einen zentralen Platz mit einer steinernen Kathedrale. Doch diese Stadtmitte, angefüllt mit sehenswerter historischer Bausubstanz, existiert nicht mehr, seit am 22. Februar 2011 ein katastrophales Erdbeben ganze Straßenzüge zum Einstürzen brachte. Ganz schlimm traf es auch die Stadtteile im Osten, wo Sumner angesichts populärer Badestrände eigentlich Freizeitstimmung verbreiten will und im Hafen von Lyttelton Seeleute auf Vergnügungen an Land aus sind. Gut, dass die Bewohner weiterhin Golf, Rugby, Rasentennis und Kricket spielen und Touristen hier zu erlebnisreichen Ausflügen in die Umgebung aufbrechen können: Auf der Banks Peninsula gilt es Delfine zu beobachten, vor Kaikoura tauchen sogar Wale auf.

Während der Agrarmesse in Christchurch schmökert ein Wollhändler in der regionalen Zeitung The Press. *Die Wand hinter ihm ist tonnenschwer – die gepressten Wollballen tragen den Namen der Schaffarmen.*

Aufbruchstimmung in der Gartenstadt

Christchurch – Akaroa – Wale vor Kaikoura – Hanmer Springs

Christchurch begann als Traum eines jungen englischen Konservativen: John Robert Godley wollte hier eine Kolonie schaffen, in der Staat und Kirche eins sind und eine wohlwollende Oberschicht regiert. In London gründete er die Canterbury Association, die von zwei Erzbischöfen, sieben Bischöfen, 14 Lords, vier Baronen und 16 Parlamentsmitgliedern unterstützt wurde. Zweck der Vereinigung war es, Geld aufzutreiben und Arbeiter für das neue Klein-England zu finden, die nach strengen Kriterien ausgewählt wurden: Ein Auswanderungswilliger musste eine Bescheinigung seines Vikars beibringen, dass er ein »ordentlicher, fleißiger und ehrlicher Mann« sei und »dass er und seine Familie zu den angesehensten Bürgern der Gemeinde« gehörten. Die ersten vier Schiffe landeten im Jahr 1850 im Hafen von Lyttelton. Doch die hehre Idee zerbrach bald an der Realität einer menschenarmen, jungen Kolonie: Siedler mit anderen Denkweisen und Religionen mischten sich in die anglikanische Enklave – fünf Jahre später, 1855, löste sich die Canterbury Association auf.

Wiederaufbau tut not

Heute wäre Christchurch eine freundliche, grüne und behagliche Stadt ohne monumentale Skyline, dafür mit scheinbar altehrwürdiger Architektur im Stil der Neugotik sowie einigen hübschen viktorianischen Baudenkmälern. Das starke Beben hat vieles zerstört, das meiste ist für immer verloren, doch was zu retten ist, wird mittels Rekonstruierung erhalten bleiben. Ein ehrgeiziges Unterfangen, das in den nächsten Jahren Engagement, Know-how und viel Geld erfordern wird. Wieder einmal sind hier in den Canterbury Plains Pionierleistungen gefragt, beinahe wie damals während der entbehrungsreichen Gründerzeit.

Wenn alles soweit wiederhergestellt ist, beginnt der Stadtbummel natürlich mitten im Zentrum: Cathedral Square hat den Namen von der hohen neugotischen Kathedrale am Platz, deren Grundmauern aus dem Jahr 1864 stammen. Davor war eine Statue des Gründervaters Godley gestellt und soll dort bald wieder stehen. Auch der Polarforscher Robert Falcon Scott, der auf einer nahe gelegenen Insel Hunde für seine Antarktis-Expedition trainierte; wird wieder Gestalt annehmen, nachdem er beim Beben den Boden unter den Füßen verloren hat. Der Botanische Garten neben dem Canterbury Museum lässt frei durchatmen. Er ist immer einen Besuch wert, und wer in Christchurch seinen Fernflug beendete, der sollte sich diese Pracht sogar als Erstes gönnen – auf einem langen erholsamen Spaziergang durch die Anlage und den anschließenden Hagley Park. Dort kann man Golf spielen und Rad fahren, auch die Rasentennisplätze des United Club stehen Gästen offen. Auf den ausgedehnten Wiesen finden den Sommer über zahlreiche Feste statt: Konzerte von Pop bis Klassik, Weinmessen und sportliche Events.

Rückblicke und schöne Aussichten

Die Viertel von Christchurch sind praktizierte Klassentrennung – Fendalton und Merivale gerieten eindeutig im Sinne Godleys. Die Familie Dean hat den längsten Stammbaum aller Kolonisten, ihre Vorväter bauten hier bereits im Jahr 1843 ein Häuschen, sieben Jahre bevor organisierte Einwanderer kamen. »Deans Bush« geriet zum öffentlichen Park, Eintritt frei (Kauri Road). Einen Einblick in koloniale Wohnverhältnisse gibt Mona Vale, ein ehemaliges Herrschaftshaus, in dessen Garten man an einem Sommertag vorzüglich Kaffee trinken kann (63 Fendalton Road). Der Flughafen liegt am Rand des Nobelviertels Fendalton. Gleich daneben informiert das Antarctic Centre über Expeditionen ins Eis und ihre Verbindungen mit Christchurch.

In Stadtnähe führt eine hochmoderne Seilbahn auf die steilen Flanken der Port Hills. Der Blick ist grandios. Auch die der Hügelkette folgende Summit Road, eine lokale Panoramastraße, erlaubt weite Ausblicke sowohl über die Canterbury Plains als auch auf Lyttelton und die weit ins Land reichende natürliche Hafenbucht. Dort an den Anlegestellen starten Boote zu Rundfahrten und treffen sich gegen Abend die Hobbyfischer. Denn Angeln im Meer steht in Neuseeland jedem frei und ist an keine Lizenz gebunden im Gegensatz zum Fischen an Flüssen und Seen.

Wie gut sich Historisches und Modernes kontrastierend ergänzen können, zeigt vor der Kathedrale von Christchurch die Skulptur »Metal Chalice« von Neil Dawson. Leider hat das verheerende Erdbeben von 2011 den Turm der Kathedrale zum Einsturz gebracht, doch sicher kann man diesen schon bald wieder neu aufgebaut bewundern.

1

2

3

4

Ausflug nach Akaroa

Im Süden von Christchurch quillt die pralle Banks Peninsula aus der Küstenlinie. James Cook soll die Halbinsel nach seinem Reisegefährten und Botaniker Joseph Banks benannt haben; ihre Gestalt bekam sie in grauer Vorzeit von zwei gewaltigen Vulkansystemen. Als deren Flanken zum Meer aufrissen, entstanden zwei herrliche Naturhäfen: die weit ins Land reichenden Buchten von Lyttleton und Akaroa.

Die Hügel der Banks-Halbinsel waren früher von einheimischem Mischwald (»bush«) bedeckt, der zum großen Teil gerodet wurde. Dennoch haben die Täler und Buchten ihren Reiz – an geschützten Stellen gedeihen Kiwifrüchte und Palmen.

Die schönste und einzige größere Ortschaft auf der Banks-Halbinsel ist Akaroa, ungefähr 80 Kilometer von Christchurch entfernt. Die kurvenreiche Fahrt über Höhenrücken dauert mindestens eineinhalb Stunden.

Akaroa wurde im Jahr 1838 von einem französischen Walfänger gegründet. Eine winzige Maori-Kirche liegt etwa sechs Kilometer südlich des Ortes im Küstenvorland und ist ebenso sehenswert wie der Friedhof von Akaroa auf einer sonnigen Terrasse neben einem Waldstück (»The Garden of Tane«). Der Ausblick ist prächtig – im Hafenbecken fällt eine lang gestreckte schmale Halbinsel auf, die aussieht wie ein großer auftauchender Wal: Hier stand vor 150 Jahren die Maori-Festung Onawe Pa, bis sie und ihre Verteidiger von einem Stamm von der Nordinsel vernichtet wurden. An der Mole liegt die »Canterbury Cat«: Der moderne Katamaran zeigt seiner zahlreichen Kundschaft auf einer Rundfahrt das sehr hübsche Hafenbecken und darin ziemlich verspielte Tiere. Denn sehr oft tollen Delfine um das Schiff herum.

Langusten, Wale und heiße Quellen

Wer Christchurch in Richtung Norden verlässt, fährt durch die Ebene von Canterbury. Auf den fetten Weiden nährt sich das bei Gourmets sehr geschätzte Canterbury-Lamm, dazwischen liegen Kiefernwälder und Macrocarpa-Haine. Berüchtigt ist der warme trockene Föhnwind: Von Nordwesten kommend, treibt er den Menschen die Energie aus den Knochen, zehrt an den Nerven und trübt das Gemüt.

Regen fällt meist an der Westseite der Südalpen. Canterbury gehört mit nur durchschnittlich 600 Millimetern Niederschlag im Jahr zu den trockensten Regionen des Landes, weshalb sich die Farmer mit allerlei künstlichen Bewässerungssystemen rüsten.

Die Halbinsel Kaikoura liegt 170 Kilometer nördlich von Christchurch entfernt. Nomen est omen: »Kaikoura« heißt »Languste essen«, und tatsächlich besorgt das etwa 50 Zentimeter lange, scherenlose Krustentier hier vielen Fischern den Lebensunterhalt. Vor Ort wird Crayfish gekocht und deshalb knallrot verkauft. Der Preis nach Gewicht lässt zwar schlucken, doch Genießer lassen sich das zarte, weiße Fleisch trotzdem nur allzu gern auf der Zunge zergehen. Vor der Küste finden auch Wale reichlich Nahrung – kleinere Boote kommen ihnen bis auf 50 Meter nahe. Man sollte vorab reservieren, denn die Whale-Watch-Touren sind schnell ausgebucht. Bei rauer See geht allerdings gar nichts. Zum tierischen Besichtigungsprogramm gehören zudem Schwärme von Delfinen und in der Sonne dösende Robben.

An Land ist »Fyffe House« schenswert. Die Unterkunft des ersten Weißen hier an der Küste – Robert Fyffe hieß er – zeugt vom anspruchslosen Lebensstil der Pioniere.

Ein lohnender Ausflug ins Landesinnere führt nach Hanmer Springs. Der alpine Luftkurort wärmt mit seinen Thermalquellen auf. Früher galt für das einzige Schwimmbecken noch eine strenge Geschlechtertrennung. Heute verwöhnen die Thermal Pools als schön angelegte Badelandschaft aus naturnahen Becken und sprudelnden Wasserläufen geschlechtsübergreifend mit angenehm weichem Wasser zwischen 36 und 40 Grad Celsius.

1 *Die spektakuläre Küste der Halbinsel Kaikoura und die tollen Möglichkeiten, hier Wale zu beobachten, haben die gleichnamige Stadt berühmt gemacht.* – 2 *Wale sind hier überall präsent: Im Garten des Fyffe House, in dem der erste Siedler lebte, erinnert ein Knochen an die riesigen Meeressäuger …* – 3 *… die sich oft vor der Küste tummeln.* – 4 *Kaffee trinken mit (gemaltem) Wal im Hintergrund.* – 5 *Kaikouras Clifftop Walk eröffnet herrliche Ausblicke.*

1

2

1 *Christchurch gilt als die englischste Stadt südlich von Dover, und das zu Recht. Der Bach Avon durchzieht das von Gärten aufgelockerte Stadtzentrum.* – 2 *Die New Regent Street in Christchurch liegt nahe dem Hauptplatz Cathedral Square. Sie bietet Spezialitätengeschäfte, Cafés und eine der wenigen unzerstört erhaltenen Straßenensembles der Stadt.* – 3 *Das »Arts Centre«, kultureller Kern der Stadt, bietet zwei Theatern, Kinos, Cafés und Läden Platz.* – 4 *»Very british« sind auch die Punter, die wie im englischen Cambridge Gäste in flachen Kähnen über den Avon staken.* – 5 *Sonniger Nachmittag im »Arts Centre«.* – 6 *An der rauen Kaikoura-Küste sind Landeplätze zu sehen.*

Seite 116/117
Das Hafenbecken von Akaroa liegt nur etwa 90 Minuten von Christchurch entfernt. Hier findet man nicht nur die einzige französische Siedlung Neuseelands, sondern auch schöne, geruhsam zu bewältigende Spazierwege wie auf der Onawe-Halbinsel.

Die Südinsel – wilde Westküste

Die West Coast ist rau und wild, oft regnet es wochenlang, heftig und ohne Unterbrechung. Ungezähmte, weil unbezähmbare Natur hat hier die Menschen geformt: Der typische Coaster ist ein Eigenbrötler, stur, verschlossen und bodenständig. Wer jedoch sein Vertrauen gewinnt, hat einen Freund fürs Leben gefunden, garantiert. Gerade mal 30 000 Neuseeländer leben auf dem 500 Kilometer langen, aber sehr schmalen Küstenstreifen zwischen Tasmanischer See und den steil aufragenden Südalpen. Inmitten üppiger Vegetation halten hier Nikau-Palmen als einzige einheimische Palmenart die Stellung. Der Highway 6 führt in der Ebene lang, mal küstennah, mit Ausblick auf schäumende Brandung und Treibholz auf den Stränden, mal durchs Hinterland, wo das uralte Eis der Gletscher am frischen Grün des Regenwaldes schmilzt. Gold gibt es an der Westküste, früher mehr als heute, und nach wie vor in der Ortschaft Ross – sowie Greenstone, neuseeländische Jade, die in der Kleinstadt Hokitika in jeder Form allgegenwärtig ist.

Von Wind und Wellen geformt: die Pancake Rocks im Paparoa National Park.

Die Naturwunder des Westens

Karamea – Pancake Rocks – Hokitika – Westland NP

Wild donnert die Tasman-See gegen die Klippen. Man spürt, wie der Fels unter den Schlägen erzittert. Der Gott, der diese Küste geschaffen hat, war ein Krieger. Dann bricht die Sonne wie eine Reiterlanze durch die Wolkenknäuel und sticht in smaragdgrünen Regenwald, streicht über das grandiose Felsengesicht. Zweifel kommen auf: Vielleicht steckt hinter den Schlägen gar kein Zorn? Vielleicht ist hier nur ein genialer Bildhauer am Werk, der das Land mit einigem Getöse formen will? Oder ist es ein Maler – einer, der oft seine Meinung ändert, Entwürfe wegwischt und neu beginnt? Als Schwamm könnten ihm die schweren Regenwolken über der Tasman-See dienen: Westwinde drücken sie gegen die Südalpenkette, pressen sie aus und führen zu sturzbachartigen Ergüssen – von den Dreitausendern der Alpengipfel bis ans Meer sind es oft kaum 30 Kilometer. Was Wunder, dass Muren abgehen, Bäche in Stunden zu Strömen anschwellen und das Land umformen. Die Schriftstellerin Kerry Hulme erlebte hier schon Regen, der »Vögel im Flug erwischt und auf den Boden geschmettert hat; Regen, der Scheibenwischer blockierte«. Am Colliers Creek haben sie einmal an einem einzigen Tag, dem 21. 1. 1994, 682 Millimeter Niederschlag gemessen – so viel fällt etwa auf Hamburg im ganzen Jahr.

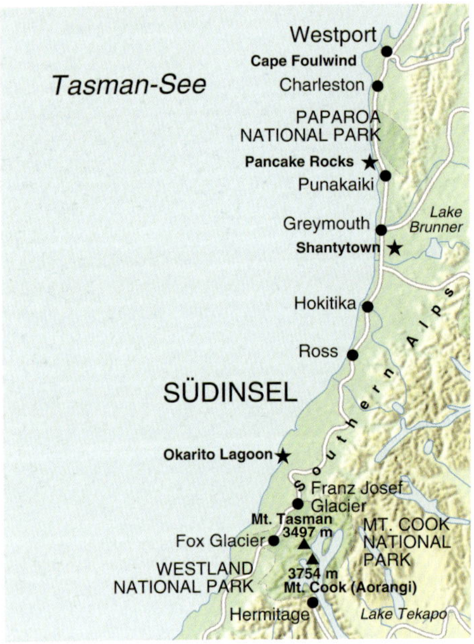

Unstreitig ist jedenfalls, dass Menschen hier an der Westküste der Südinsel von der Natur allenfalls geduldet werden – auf Zeit. Maori suchten in dieser Gegend ihren »Stein der Götter«, die grüne Jade in den Flüssen. Robbenjäger und Walfänger jagten, bis es nichts mehr zu jagen gab. Dann kamen die Goldsucher. Nun ist das Gold selten geworden und sie graben weiter nach Kohle. Oder sie fällen die 600 Jahre alten Rimubäume und machen Mobiliar draus. An ihrer Stelle pflanzen sie schnell nachwachsende Pinien. Wieder aufforsten nennen sie das: Es ist ein Drama, von dem große Bereiche der 500 Kilometer langen Küste nur deshalb verschont bleiben, weil sie als geschützter Nationalpark ausgewiesen wurden.

Palmen und Pfannkuchenfelsen

Karamea liegt am nördlichsten Ende der Westküste und ist nur über eine Stichstraße erreichbar. Der Ort hat ein sonniges Mikroklima samt Palmen und ist so klein, dass man ihn leicht verpassen könnte. Über Schotterstraßen gelangt man zu den umliegenden Sehenswürdigkeiten: Dort, wo der Kohaihai-Fluss ins Meer mündet, liegt eine wunderschöne Lagune mit einem herrlichen Campingplatz. Hier beginnt die Küstensektion des Heaphy Track, der in vier bis fünf Tagen durch den Kahurangi National Park in die Golden Bay führt. Im Oparara-Becken warten außergewöhnlich schöne Kurzwanderungen zu wuchtigen Kalksteinbögen und wilde Touren durch wahrhaftigen Urwald auf den Reisenden. Nervenstarke können es auch mit dem extremen Wildwasser des Karamea (Grad fünf auf der sechsteiligen Skala) aufnehmen. Westport zog einst Goldsucher an und lebt heute von der Kohle – in einer 100 Jahre alten Brauerei im Hafen informiert das sehenswerte Coaltown Museum über den hiesigen Bergbau. Fünf Kilometer südlich stößt man auf den Buller-Fluss, eine Straße durch das schöne Tal verbindet die Küste mit dem Nelson Lakes National Park. Das nahe gelegene »Cape Foulwind« hat James Cook so genannt. Hier gibt es zwei hübsche Strände (Tauranga Bay, Carters Beach) und eine Seehundkolonie, bei der eine zweistündige Küstenwanderung beginnt. Etwa 24 Kilometer südlich von Westport bietet Mitchells Gully Gold Mine eine gute Gelegenheit, Goldsucherarbeit kennenzulernen.
Die Pancake Rocks (»Pfannkuchenfelsen«) im Paparoa National Park haben ihren Namen von dünn geschichtetem, unterschiedlich hartem Gestein, dem Erosion die Gestalt gestapelter Omeletts gegeben hat. Ein kurzer Spaziergang führt an den Formationen vorbei. Am aufregendsten sind sie bei lebhaftem Westwind, wenn die Brandung gegen die Felsen kracht. Dann sind auch die sogenannten »blowholes« in Betrieb – das sind Kamine im Gestein, durch die mit ziemlich großem Druck Wasser spritzt. Der umliegende Nationalpark mit seinen Palmen, warmen Flüssen und dem Mikroklima

1 *Wildromantische Sandstrände wie hier an der Monroe Bay machen den Urlaub zur Entdeckungsreise.* – 2 *Die Westcoast ist ein wahres Wasserland, ihre zahlreichen Seen bieten Fotografen reizvolle Spiegelungen.*

1

2

1

ist durchaus mehrtägige Erkundungstouren per Kanu wert.

Weiches Gold und harter Stein

Rund 10 000 Hartgesottene leben in Greymouth von Kohle und Fischfang – hinter einem Wall, den Flutkatastrophen erzwungen haben. Wenn die Sonne doch einmal scheint, kann man den nördlich gelegenen Raparahoe Beach besuchen, einen der wenigen sicheren Badestrände an der Küste.
Im Süden der Stadt liegt »Shantytown«; die liebevolle Sammlung von Originalgebäuden aus der Goldrauschzeit lädt zu kurzer Dampflokfahrt und zum eigenhändigen Goldwaschen ein.
Wer ab Reefton dem Highway 7 nach Osten folgt, kann über den Lewis Pass Hanmer Springs und Christchurch erreichen. Eine zweite Straße nach Osten geht südlich von Greymouth in Kumara Junction ab; sie berührt Lake Brunner, den größten See der Westküste und führt durch den Arthurs Pass National Park an die Ostküste. Dieser Nationalpark ist 100 000 Hektar groß und hat zwei sehr verschiedene Seiten: Im Westen wächst Regenwald – das Klima ist nass, aber mild –, der Osten ist trocken und im Winter eiskalt.
Hokitika ist touristisch das Zentrum der Westküste. Der Ort wirkt freundlicher als Greymouth. Wo sich vor 135 Jahren rund 20 000 wilde Menschen dem Goldrausch hingaben, leben heute nur noch etwa 14 000, die ihr Bier trinken und die Ruhe weghaben. Besucher spazieren gern das Flussufer entlang zum schönen, wilden, mit viel Treibholz bedeckten Strand. Im nahen Arahura-Fluss wird Jade geborgen: Die Färbungen des edlen, stahlharten Steins reichen von blasstürkis bis dunkelgrün – je nachdem, wie hoch der Eisenanteil ist. Den helleren Stein schätzten die Maori als Schmuckstück, den dunklen dagegen verwendeten sie wegen seiner Härte und Elastizität als Waffe. »Killerstone« – »Mörderstein« heißt der Stein ganz unpoetisch.
Als Geste der Versöhnung übergab die neuseeländische Regierung im Jahr 1997 alle Jade-Lagerstätten im Land den Ngai Tahu – dem auf der Südinsel dominierenden Maori-Stamm. Auch an den Läden von Mountain Jade und Seaside Jade, beide in Hokitika, sind Maori beteiligt.

Berge, Gletscher und eine Lagune

Die 147 Kilometer lange Strecke von Hokitika zum Westland National Park führt durch Ross, wo einst ein drei Kilo schweres Goldnugget gefunden wurde, vorbei an drei Seen (Ianthe, Wahapo, Mapourika) und über einen Berg (Mount Hercules). Der lohnendste Abstecher ans Meer endet in Okarito: Strand und Lagune bilden hier den malerischen Hintergrund zu einer Kolonie weißer Reiher. Der Westland National Park schützt auf 88 000 Hektar eisige Naturwunder, die ihm den Status eines Weltkulturerbes der Menschheit einbrachte. Vor dem Hintergrund der höchsten Berge Neuseelands (Aoraki Mount Cook und Mount Tasman) fließen hier zwei Gletscherzungen durch tiefgrünen Regenwald bis auf 300 Meter Seehöhe. Der Grund für diese seltene Naturerscheinung macht Besucher jedes Jahr nass bis auf die Knochen: Enorme Niederschläge füttern die Gletscher auf den Hochplateaus schneller mit Schnee nach als sie an der Talsohle abschmelzen. Die 30 Fahrminuten voneinander entfernten Gletscher sind nach dem österreichischen Kaiser Franz Joseph und nach Sir William Fox, einem neuseeländischen Premierminister des 19. Jahrhunderts, benannt. In beiden Fällen ist der Weg vom jeweiligen Parkplatz zum Gletschertor in etwa einer Stunde zu bewältigen. Vorsicht: Der schnelle Gletscherfluss macht die Zone um das Gletschertor instabil, Absperrungen sind zu beachten. Wer weiter auf das Eis will, sollte sich führen lassen. Bei schönem Wetter ist auch ein Hubschrauberflug gut angelegtes Geld.

Alpengipfel im Blick

Frühaufsteher im Weiler Fox können an den Lake Matheson fahren und um den See gehen. Steht man an seinem Westufer, spiegeln sich in ihm die Dreitausender der Südalpen. Der Spazierweg Minehaha eröffnet dem Wanderer Regenwald an der Hauptstraße. Die 20 Kilometer lange Fahrt nach Gillespies Beach lohnt sich dagegen wegen der Meer- und Alpenblicke. Südlich des Weilers Franz Joseph, der ein interessantes Besu-

cherzentrum beherbergt, führen Schilder zu einem Abenteuerpfad namens Copland Track: eine Alpenüberquerung, die man ohne Führer tunlichst unterlassen sollte. An der Brücke über den Fluss Paringa steht eine Gedenktafel für Thomas Brunner: Der Engländer erforschte ab dem Jahr 1846 als erster Weißer zusammen mit zwei Maori die Westküste von Norden nach Süden – in 560 Tagen, barfuß, ehe er hier am Paringa kehrtmachte.

1 *Klassisches Westküstenpanorama: Da zwischen dem Alpenhauptkamm und seinen Dreitausendern und der Küste oft nur ein schmaler Landstreifen von 20 Kilometern Breite liegt, wirken die Berge wuchtig, oft überwältigend.* – 2 *Am Strand von Ship Creek konnte man einstmals ein Schiffswrack bewundern.*

1

2

3

4

5

1 Cooles Abenteuer nach Kiwi-Art: Bergsteigen im Fox-Gletscher. – 2 Blauweißer Gletscher vor tiefgrünem Regenwald: Oberhalb der Schneegrenze sorgen enorme Niederschläge für mehr Schnee, als abschmelzen kann. Das verursacht den mächtigen, rund 14 Kilometer langen Eisstrom des Fox-Gletschers, der wie sein Nachbar Franz Joseph aus großer Höhe so steil wie schnell und tief ins Tal fließt. – 3 Größere Flüsse wie auf dem Hooker Valley Track am Mount Cook Village überspannen Abenteuer versprechende Hängebrücken; den Treck belohnt ein grandioser Blick auf den Mount Cook. – 4 Bergwandern ist auf der Südinsel ein beliebtes Hobby. Kleinere Wasserläufe wie am Fox-Gletscher müssen notfalls durchwatet werden. – 5 Der Franz-Joseph-Gletscher reicht an der Westküste fast bis auf Meereshöhe hinunter und ist, wie auch der Fox-Gletscher, ein beliebtes Revier für Eiskletterer. Beide Gletscherzungen ziehen sich allerdings seit Jahren zurück.

Seite 126/127

Bei Westport, an der Nordseite des in die Tasman-See mündenden Buller River.

Die Südinsel – tief im Süden

Neuseelands tiefer Süden hat seinen Kern in herrlichen, hochalpinen Bergketten, riesigen, märchenstillen Gletscherseen und ausgedehnten Hochplateaus, auf denen unzählige Schafe weiden. Die Küstenlandschaften sind fantastisch und abwechslungsreich: Im Fjordland bewahrt der größte Nationalpark die natürliche Schönheit des berühmten Milford Sound, auf der Otago-Halbinsel kann man Königsalbatrosse, Pinguine und das einzige Schloss des Landes aus der Nähe sehen, und jenseits der meist aufgewühlten Foveaux Strait wartet das ultimative Naturerlebnis Stewart Island. Mittendrin kommt Central Otago ganz ohne Meer aus und lockt trotzdem als Ferien- und Freizeitziel: Die sonnenverwöhnte Binnenregion glänzt gerne mit sommerlichen Rekordtemperaturen jenseits der 30 °C und bietet im Winter schneesichere Hochlagen, ideale Verhältnisse für Skifahrer und Snow-boarder. Mekka aller Sportskanonen und Draufgänger ist hier Queenstown, in scheinbar harmloser Idylle am See gelegen, aber berüchtigt als Abenteuerspielplatz.

Die Otago-Halbinsel vor Dunedin schützt den Hafen vor den Brechern des Südpazifiks und ist ein veritables Naturparadies. An der Spitze der Halbinsel, den Tairoa Heads, liegt die weltweit einzige Festlandkolonie der majestätischen Königsalbatrosse.

Bergland, Fjordland, Zauberland – und eine Insel

Aoraki Mount Cook – Otago – Milford Sound – Stewart Island

Von Christchurch ins Mackenzie-Hochland und bis zum Aoraki/Mount Cook National Park führt der Weg zuerst die Küste entlang nach Süden. Ist der mächtige Rangitata-Fluss überquert, wendet sich die Straße landeinwärts, steigt an und mit dem Burke's Pass eröffnet sich eine andere Welt: Mackenzie Country ist karges Hochland, in dem ein goldfarbenes Büschelgras (Tussock) dominiert. Trotzdem werden hier die Schafherden satt. Seinen Namen bekam das Mackenzie Country von einem vermeintlichen Dieb: Mehr als 1000 gestohlene Schafe sollte der Schotte James Mackenzie im Jahr 1855 hierher getrieben haben, wofür er im Gefängnis saß, bis sich 140 Jahre später seine Verurteilung als Justizirrtum herausstellte. Anscheinend war der gälische Schafhirte, frisch im Land und kaum des Englischen mächtig, vom wahren (unbestraft gebliebenen) Dieb nur als ahnungsloser Treiber für die blökende Konterbande ausgenützt worden.

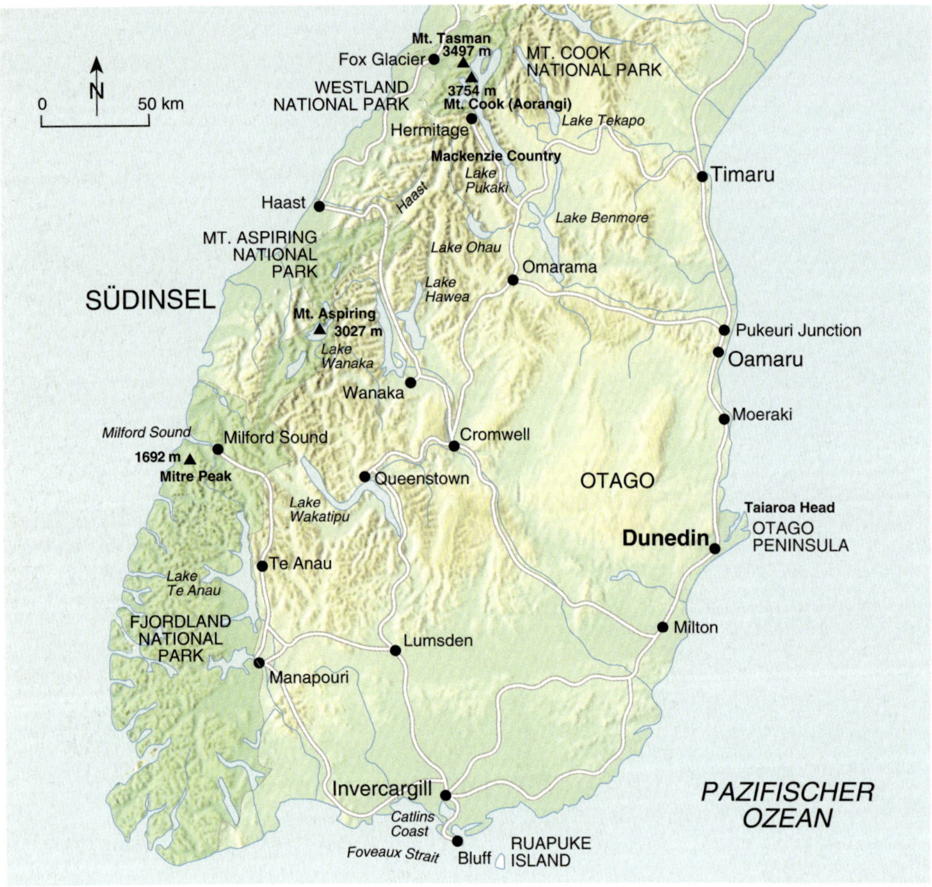

Alpines Paradies

Lake Tekapo ist eine wahre Pracht: Über 20 Kilometer hinweg erstreckt sich seine intensiv türkisblaue Wasserfläche, bekränzt vom Alpenbogen. Gletscher formten ihn vor 20 000 Jahren, heute wird er von deren Schmelzbächen gefüttert. Das macht das Wasser kalt und ungewöhnlich schön. Steinmehl vom Gletscherabrieb gibt dem See die Farbe. Für den Vordergrund der obligaten Fotos empfiehlt sich die winzige Church of the Good Shepherd am Seeufer, die Kirche des guten Hirten. Daneben haben Farmer ein Denkmal für ihre Hirtenhunde errichtet.

Nahebei liegt der Mount Cook, den die Maori Aoraki nennen: Der höchste Berg Neuseelands ist seit einem Felssturz im Jahr 1991 nur noch 3754 Meter hoch, aber damit überragt er die Nummer zwei, den Mount Tasman, immerhin noch um gut 257 Meter. Der hochalpine Aoraki/Mount Cook National Park umfasst auf engem Raum 140 Zweitausender und fünf der größten Gletscher Neuseelands. Zu den Besonderheiten zählen Keas – große, freche Bergpapageien im grünen Anzug mit orangefarbenen Abzeichen unter den Flügeln; bemerkenswert sind auch seltene Falken- und Eulenarten. Star unter den Pflanzen ist die Mount Cook Lily (*Ranunculus lyalli*). Der Park ist nur von Osten über eine 60 Kilometer lange Stichstraße zugänglich, die den gletscherfarbenen Lake Pukaki entlangführt.

Die schönste einfache Wanderung führt ins Hooker Valley. Man geht den Gletscherbach entlang und sieht nach eineinhalb Stunden den Aoraki Mt. Cook vor sich.

Wer weiter aufsteigen will, sollte allerdings gut vorbereitet und erfahren sein, denn die

1 *Zwei Verkörperungen lokaler Macht auf einem Bild: Blick von den Säulen der Bank auf das Rathaus von Oamaru. – 2 Der Bahnhof von Dunedin ist wohl einer der schönsten seiner Art weltweit: reich verziert mit Schmuckelementen aus der Neorenaissance und mit einem beeindruckenden Boden aus Porzellan-Mosaiken.*

1

2

1

meisten Touren im Park sind für Halbschuh-Alpinisten nicht geeignet.

Moa-Jäger und Pioniere

Südlich des Mackenzie Country fließt das Land in sanften Wellen – Brauntöne dominieren, Sonnenlicht mischt Gold und Ocker bei, der Herbst färbt Laub flammend gelb und rot: Dies ist das Kernland der Provinz Otago. Maori haben diese himmlische Komposition vor etwa 1000 Jahren als Erste gesehen, als sie den über drei Meter großen Moa jagten, der hier in Herden vorkam. Die europäische Ära begann im Jahr 1847 mit Landvermessern, denen meistens schottische Siedler folgten. Letztere besiedelten innerhalb von 15 Jahren alles Weideland und gründeten die Stadt Dunedin als neuseeländisches »Eden auf dem Hügel«. Das hört sich alles ganz einfach an – tatsächlich litten die Menschen unter Schneemassen im Winter, Überschwemmungen im Frühjahr und Flächenbränden in der sommerlichen Dürre. Außerdem kamen Hunger, Kindersterben, harte Arbeit von früh bis spät hinzu – alles in der Hoffnung auf ein Stück eigenen Grund und Boden und bescheidenen Wohlstand. Neu gemischt wurden die Karten erst 1861, als der Australier Gabriel Read 93 Kilometer westlich von Dunedin in einer Erosionsrinne im heutigen Lawrence auf Goldklumpen stieß – ein Jahr später schürften in »Gabriels Gully« etwa 11 500 Menschen nach dem vergoldeten Glück und damit doppelt so viele wie die Provinzhauptstadt Dunedin seinerzeit Einwohner hatte. Das Einkommen der Region Otago verdreifachte sich binnen Jahresfrist; immer weitere Goldsucher kamen mit Schiffen aus Australien, immer neue Goldvorkommen wurden an Flüssen entdeckt – und für kurze Zeit war der Shotover River mit 155 Gramm Gold pro Schaufel die ergiebigste Goldquelle der Welt.

Goldgräbergeschichten

Heute verdienen die Leute in Otago ihr Geld ruhiger und beständiger: Heiße, trockene Sommer und (manchmal sehr) kalte Winter sind gute Bedingungen für Steinobst und Schafe. Wasserkraftwerke decken einen Großteil des landesweiten Bedarfs. Letzteres führte gegenüber der dichter bevölkerten und wirtschaftlich besser gestellten Nordinsel zu einem zunehmend selbstbewussten Auftreten der Südländer, die ihrem Ärger in dem Ausruf »Cut the cable« – »Schneidet ihnen das (Strom-)Kabel durch!« Luft machen. Kraftwerke veränderten auch die Landschaft. So überflutete beim Bau des großen Dammes in der Nähe des Örtchens Clyde der entstandene Stausee, Lake Dunstan, das Clutha Valley – und damit auch das Goldgräberstädtchen Cromwell. Viele der historischen Gebäude wurden allerdings in Einzelteile zerlegt und anschließend im »neuen«, höher gelegenen Cromwell wieder aufgebaut. Relikte aus Goldsuchertagen begegnen einem auch bei jeder Fahrt ins Hinterland: 25 Kilometer nördlich von Cromwell liegt die Geisterstadt Bendigo. Wind pfeift durch die verfallenen Steinhütten, und wer genau hinhört, dem erzählt er vielleicht auch die Geschichte der Mary Ann, die – von ihrem Bräutigam sitzen gelassen – am Tag ihrer Hochzeit von Cromwell nach Bendigo kam und noch am selben Abend im Saloon zu arbeiten begann: Das Barmädchen im Brautkleid soll die Goldsucher damals so begeistert haben, dass sie binnen weniger Stunden sämtliche Alkoholvorräte (und wohl auch sich selbst) erschöpften.

Erholung am Seeufer

Wohlhabende Leute aus Christchurch haben ihre Ferienhäuser an einem schönen See in Wanaka: In nur zehn Jahren stieg die Zahl der ständigen Einwohner von 200 auf 2000, die Atmosphäre blieb ungemein friedlich. Golfplätze und weiche Hotelbetten machen die Erholung fast unvermeidlich – darüber hinaus lädt der Lake Wanaka zum Segeln und Fischen ein und in seiner Umgebung findet man schöne Spazierwege. Eine besonders prächtige Straße den See entlang führt in den Mount Aspiring National Park.

2

»Prächtig«, meint in diesem Fall die Aussicht. Wenn Regen oder Schneeschmelze die Wildbäche anschwellen lassen, gibt es hier selbst für Allradfahrzeuge kein Durchkommen mehr – wer dann noch im Park ist, sitzt fest.

Nervenkitzel am Seeufer

Freier Fall von der alten Brücke über dem Kawarau River: In der gleichnamigen

1 *Queenstown steht für Bungee und Adrenalinsportarten. Man hätte aus diesen Höhen einen herrlichen Blick bis zu den Remarkables, doch diesen kann der Springer sicher nicht so entspannt genießen.* – 2 *Die Flüsse rund um Queenstown sind Schauplatz spannender Floß- und Jetbootfahrten. Das bekannteste Unternehmen, »Shotover Jet«, bringt seine Kunden in den schönsten Abschnitt des gleichnamigen Flusses.*

Schlucht begründete der Erfinder des »Bungy Jump«, A. J. Hackett, sein Mutproben-Imperium. Und es floriert offenbar nach wie vor. Alle paar Minuten stürzt sich ein Mensch ins Leere, beobachtet, geknipst und gefilmt von ganzen Menschentrauben, die von zwei Plattformen aus freie Sicht auf die Sprünge genießen. Queenstown selbst wirkt dann auf den ersten Blick geradezu verträumt. Es liegt am schönsten Punkt des über 80 Kilometer langen Lake Wakatipu und seine Hausberge heißen zu Recht »Remarkables« – die »Bemerkenswerten«. Doch die Idylle trügt: Der Ort hat einen internationalen Flughafen, eine wilde Mischung aus rauen Manieren und schnellem Geld (früher Gold, heute Tourismus) und das Freizeitangebot ist dichter und aufregender als irgendwo sonst in Neuseeland. So sind die reißenden Flüsse um Queenstown, allen voran der Shotover, Schauplatz rasanter Schlauch- und Jetbootfahrten. Schwindelanfälle garantiert die Mountainbike-Abfahrt in den nahen Skippers Canyon. Für wagemutige Autofahrer (nur mit 4WD!) gibt es auch eine Art Straße in diese Schlucht, wo sich einst Tausende von Goldsuchern abmühten. Der Wakatipu dürfte der eindrucksvollste See in der ganzen Region Otago sein: Einer Maori-Legende zufolge ist er entstanden, als ein Held einen schlafenden Riesen anzündete, um seine gefangene Braut zu retten. Der Riese starb im Feuer, die Beine im Schmerz angezogen. Sein Fett brannte ein Loch in die Erde, Hitze breitete sich aus – Schnee und Eis der umliegenden Berge schmolzen ab und füllten das Loch mit Wasser. Daher hat der See seine Form und seinen Namen: »Wakatipua« bedeutet die »Höhle des Riesen«. Das Herz des Riesen, so die Legende, hat nie aufgehört zu schlagen: Sein Rhythmus lässt den Wasserpegel bis heute stetig steigen und fallen – ein Phänomen, das Wissenschaftler vielleicht richtig, aber leider auch todlangweilig mit Luftdruckschwankungen erklären …

Ausflug an die Fjordküste

Queenstown ist auch das Tor zum Fiordland National Park – mit 12 095 Quadratkilometern der Größte seiner Art und von den Vereinten Nationen in den Status eines Weltkulturerbes der Menschheit erhoben (»World Heritage Park«). In dieser kaum berührten Wildnis stehen 500 Jahre alte immergrüne Buchenwälder, dazwischen gewaltige Baumfarne und prächtige Moose. Steil ragen die Flanken urtümlicher Gebirgsstöcke auf und überall ist Wasser: das Meer, riesige Seen, zahllose Bäche und Flüsse, Wasserfälle wie die Sutherland Falls, die mit fast 600 Metern Fallhöhe auch im internationalen Maßstab gewaltig sind – und unheimlich viel Regen. Die durchschnittliche Niederschlagsmenge von etwa sechs Metern im Jahr macht den Nationalpark zu einem der feuchtesten Gebiete der Welt. Zum mystischen Charakter dieser Landschaft passen tief ins Land schneidende Fjorde von surrealer Schönheit. Die meisten Bewunderer unter ihnen hat der Milford Sound.

Schottische Stadtgründung

Dunedin mit seinem gälischen Namen kann die Herkunft der Gründergeneration kaum verleugnen. Sparsamkeit sollte man der zweitgrößten Stadt der Südinsel mit ihren knapp 120 000 Einwohnern allerdings nicht nachsagen, denn zumindest in den Tagen des Goldrausches wurde hier großzügig gebaut. Ursprünglich sollte der Stadtplan dem heimatlichen Edinburgh nachgebildet werden, mit einem achteckigen Zentrum namens Octagon, einer Princes und George Street und einem Moray Place. Auf die tatsächliche Lage der Bucht wurde bei den ursprünglichen, noch in 19 000 Kilometer Entfernung entstandenen Plänen keine Rücksicht genommen, und auch vor Ort hielten die Siedler eisern an ihnen fest.
Das dürfte mit ein Grund dafür sein, dass es in Dunedin die steilste Straße der Welt gibt. Die Baldwin Street steigt je Meter Länge um 1,1266 Meter an. Mit der Stadt selbst ging es nach dem Ende des Goldrausches eher bergab, auch wenn man seit etwa 100 Jahren kräftig dagegenhält. So wurde die Universität erweitert, in die Pädagogische Hochschule wie in diverse Fachschulen investiert.

1 *Legendär: die Steinkugeln der Moeraki Boulders.* – 2 *Über den 970 Meter hohen Lindis Pass führt ein alter Maori-Weg, der 1857 wiederentdeckt und bald auch von vielen Glücksrittern benutzt wurde.* – 3 *Am Ende des Regenbogens liegt ein Schatz verborgen. Gewitterstimmung bei Portobello, etwa 20 Kilometer östlich von Dunedin, auf der Otago-Halbinsel.*

2

3

1

Otago Peninsula: tierisch was los

Naturfreunde finden auf der vorgelagerten Otago-Halbinsel wahre Schätze. Hier leben Königsalbatros und der seltene Gelbaugenpinguin (auch Hoiho-Pinguin). Die Zufahrt folgt der Bucht des Otago Harbour – ein 20 Kilometer langer Fjord, der sich wie ein Finger schräg in die Küstenlinie bohrt. Früher segelten dort Maori Kriegskanus, Walfänger und Dreimaster, heute schwimmen Containerschiffe zum Hafen Dunedins in Port Chalmers.

Nach zehn Kilometern erreicht man Glenfalloch – ein elf Hektar großes Gartenareal mit Herrenhaus, das sich als Rastplatz eignet. Die Maori-Kirche und das Versammlungshaus in Otakou, 26 Kilometer davon entfernt an der Tamatea Road, sehen zwar aus wie geschnitzt, sind aber aus Beton gegossen. Auf dem Friedhof dahinter liegen drei bedeutende Maori-Häuptlinge des 19. Jahrhunderts begraben: der kriegerische Taiaroa, Ngatata – ein Häuptling aus dem Norden – sowie Karetai, der von den Missionaren zum Christentum bekehrt wurde. Sonst ist nicht viel übrig von dieser Siedlung, die einst der Halbinsel wie der Provinz ihren Namen gab. Am Ufer des Hafenbeckens stößt man auf ein paar Überbleibsel der im Jahr 1832 von den Brüdern Weller gegründeten Walfangstation. Von Wellers Rock ist es nur ein paar Meter zum Penguin Place: Hier kommt man dem seltenen Hoiho Pinguin (*Megadyptes antipodes*) bis auf Armeslänge nahe. Das ist fast wie im Zoo, nur umgekehrt – die Tiere in Freiheit, die Menschen eingesperrt: Zu den Nistplätzen der Vögel führen mit Tarnnetzen versehene Laufgräben zu Unterständen. Die beste Besuchszeit ist die Abenddämmerung, wenn die putzigen Pinguine aus dem Meer kommen und zu ihren Nestern watscheln.

An Wellers Rock hält auch die »Monarch«, um Passagiere an Bord zu nehmen: Das alte Motorschiff tuckert durch das Hafenbecken zu den Taiaroa Heads. Auf diesen Klippen nisten Königsalbatrosse (*Diomeda epomophora*) in der einzigen bekannten Festlandkolonie. Die größten flugfähigen Vögel der Welt mit mehr als drei Metern Spannweite sind auch die elegantesten Segler. Ein erwachsener Albatros erreicht Geschwindigkeiten von bis zu 110 Stundenkilometern und fliegt durchschnittlich 190 000 Kilometer im Jahr. Eine spezielle Flügelhaltung erlaubt es den Tieren, im Flug zu schlafen. Die Vögel verbringen den meisten Teil ihres Lebens auf dem Meer. Sie können auf dem Wasser landen, brauchen aber eine sehr ruhige See, um wieder starten zu können. Alle zwei Jahre kehren die Königsalbatrosse an die Taiaroa Heads zurück, wo die Paare ein Ei ausbrüten. Nach elf Wochen, im Februar, schlüpfen die Jungen. Vater und Mutter fliegen bis zu 2500 Kilometer ins offene Meer hinaus, um Nahrung für ihr Küken zu sammeln. Ende September sind die Jungen flügge – erst in vier Jahren kommen sie wieder hierher um selbst zu brüten.

An der Highcliff Road liegt Larnach's Castle, Neuseelands einziges Schloss: William J. M. Larnach, ein Bankier und Kabinettsmitglied, ließ es ab dem Jahr 1871 bauen, um seiner Frau, der Tochter eines französischen Herzogs, einen standesgemäßen Wohnsitz mit 44 Dienstboten zu bieten. Englische und italienische Handwerker arbeiteten zwölf Jahre lang und verwendeten nur die allerbesten, aus Europa importierten Materialien – doch die adelige Dame starb, bevor das Schloss fertiggestellt wurde. Larnach, von zwei weiteren Ehen und Spekulationsverlusten erschüttert, erschoss sich im Jahr 1898 in einem Sitzungssaal in Wellington. Sein Schloss ist heute ein Museum, zu dem auch ein Café und ein Hotel gehören.

Last Exit Antarktis

Schon ziemlich nahe am Südpol ist man in Southland. Das Wetter gleicht dem des schottischen Hochlands – Sommertage, an denen die Thermometer mehr als 20 Grad Celsius messen, gelten schon als Hitzewelle. Dass man selbst Nieselregen einen gewissen Wohlstand verdanken kann, beweist Invercargill, die südlichste Stadt des Commonwealth mit ihren rund 50 000 Einwohnern.

2

Der Regen lässt das Gras hier ganzjährig wachsen, was wiederum die Schafe mästet – und die Leute wissen das auch durchaus besonders zu würdigen: In der Esk Street steht das wohl einzige Grashalmdenkmal der Welt. Einen Besuch wert sind das Southland Museum und der es umgebende Queens Park. Der nördlich der Stadt gelegene, 24 Hektar große Anderson Park ist das Geschenk eines reichen Geschäftsmannes an seine Mitbürger und beherbergt auch eine Kunstgalerie. Im

1 *Ungezähmte Naturgewalten im Fjordland National Park, dem mit mehr als 12 000 Quadratkilometern größten Nationalpark des Landes.* – 2 *Der seltene Gelbaugenpinguin ist vermutlich der stammesgeschichtlich älteste Pinguin der Welt.*

1

2

Süden dehnt sich der hübsche Oreti Beach aus und 27 Kilometer südlich von Invercargill markiert der Hafen Bluff die südlichste Ansiedlung der Südinsel. Eine neben der Post beginnende Straße führt auf den Bluff Hill – von hier bietet sich das Umland wie auf einer Relieflandkarte dar. In der rauen Foveaux Strait liegen Austernbänke, die zwischen März und August nach genauen Vorschriften abgeerntet werden. Im eiskalten, kristallklaren Wasser der Strait gedeiht diese Nobelmuschel (Bluff Oyster) besser als sonst wo auf der Welt. Eine Neuregelung der Fangquoten lässt übrigens seit dem Jahr 1997 auch Maori teilhaben am großen Geschäft.

Insel unterm Himmelsleuchten

Stewart Island liegt 32 Kilometer südlich von Bluff vor der Küste und ist 1746 Quadratkilometer groß – das wäre in etwa Platz genug für vier europäische Großstädte. Tatsächlich leben hier jedoch nur etwa 500 Menschen.
Ist man einmal da, wirkt die Ruhe überwältigend – das Hinkommen kann allerdings ein Problem sein. Flugzeuge kämpfen mit dem Wind, Boote mit Wellen, die Fähre – ein moderner Katamaran – braucht über eine Stunde. So mancher Naturliebhaber geht mit apfelgrünem Teint und einem kernigen Fluch auf den Lippen von Bord – auch deshalb sind die Insulaner so gern am Hafen, wenn die Fähre anlegt. Flugplatz und Hafen liegen beide nahe bei Oban, wo die meisten Inselbewohner leben. Dieser Ort in der Halfmoon Bay ist der einzige Siedlungsplatz der Insel. Neben dem South Sea Hotel mit seinen 30 Betten finden die immer zahlreicher anreisenden Touristen auch in Lodges und Frühstückspensionen Unterkunft.
In Sachen Strom ist man auf Stewart Island Selbstversorger. Sonst wird hier wenig produziert. Die frühen Siedler hatten Sägewerke, Walfangstationen und Zinnminen, die inzwischen allesamt verfallen sind. Heute lebt man vom Meer, von Lachsen und Langusten.
Nur 15 Minuten sind es von Oban bergauf zum Observation Rock. Hier blickt man weit über Küste und Meer – neben den drei Inseln Faith, Hope und Charity (Glaube, Hoffnung, Güte) sieht man auch Paterson Inlet, eine Bucht, die tief ins Innere der Insel ragt. Im Sommer sinkt die Sonne oft erst um zehn Uhr abends. Wer da am Observation Rock steht, der begreift, warum die Maori Stewart Island »Rakiura« nennen – »Himmelsleuchten«.
Ausdauernde Wanderer gehen im Nordteil der Insel den »North Circuit«. Für den Rundweg von der Halfmoon Bay zum Mount Anglem – mit 975 Metern der höchste Berg der Insel – und über Paterson Inlet zurück braucht man etwa acht bis zehn Tage. Alle vier Wegstunden liegt eine Hütte, die zehn müde Wanderer aufnehmen kann. Durchschnittlich 255 Regentage im Jahr machen den Boden oft tief und schlammig.
Eines sollte man auf Reisen in Neuseeland nie vergessen: Wer immer nur das macht, was er sicher kann, erlebt nicht viel – das Land mag Menschen, die sich gelegentlich an ihre Grenzen wagen. Das hat nichts mit Extremsport zu tun. Es bedeutet vielmehr, auch einmal durch eine Furt waten, die Schuhe um den Hals, statt über die Brücke zu fahren oder in eine Landkneipe zu gehen – nicht an einen separaten Tisch, sondern mitten unter die Leute an der Bar. Wer so über seinen Schatten springt, den belohnt Neuseeland: für den Moment mit reichen Eindrücken; fürs Leben mit Erinnerungen, die jung bleiben – so jung wie das Land, aus dem sie stammen.

1 *Am Paterson Inlet kann man live erleben, warum die Maori die dritte Insel Neuseelands Rakiura, Himmelsleuchten, tauften.* – 2 *Stewart Island, 1746 Quadratkilometer groß, liegt südlich der Südinsel und wird von dieser nur durch die Foveaux Strait getrennt.* – 3 *Kelp ist eine Art Seetang, der vor Stewart Island zu ganzen »Wäldern« heranwächst.* – 4 *85 Prozent von Stewart Island sind als Nationalpark geschützt.* – 5 *Die Wasserfallterrassen von Purakaunui bei Owaka sind eines der Naturwunder von Southland.*

Der Milford Sound mit dem spitz zulaufenden Gipfel des Mitre Peak, dem 1692 Meter hohen »Bischofshut«, ist zu einem Wahrzeichen des Landes geworden. Der 16 Kilometer lange Fjord gilt unumstritten als Höhepunkt jeder Neuseelandreise, ganz besonders bei strahlendem Sonnenschein.

Seite 142/143
Die Küstenlandschaft Catlins zwischen Dunedin und Invercargill bietet spektakuläre Aussichten. Bei Romahapa erreicht man Nugget Point, ein Naturschutzgebiet samt malerischem Leuchtturm (1869), in dem Pinguine und Tölpel, Seehunde und Seelöwen zu beobachten sind.

1

2

Neuseelands Top Ten

Waipoua Kauri Forest

Die Kauri-Fichte ist der urtümlichste und eindrucksvollste Baum Neuseelands: Stämme von 15 Meter Umfang wachsen über mehr als 1000 Jahre hinweg bis zu 50 Meter hoch. Noch vor 150 Jahren bedeckten riesige Wälder das Land nördlich von Auckland und auf der Coromandel-Halbinsel. Dann wurde diese Pracht in den Sägemühlen der Weißen zu Schiffsmasten, Bauholz und Zäunen verarbeitet. Heute ist der Kauri-Wald von Waipoua der letzte große Rest dieser einstigen Herrlichkeit – ein nationaler Schatz. Eine 16 Kilometer lange Straße führt hindurch. Die Naturdenkmäler Tane Mahuta (Gott des Waldes) und Te Matua Ngahere (Vater des Waldes) sind zu Fuß in wenigen Minuten auf bequemen Wegen zu erreichen. In Matakohe informiert das Kauri-Museum über den Raubbau der Vergangenheit.

Urewera National Park

Ein zerklüftetes Gebiet im Osten der Nordinsel, ungezähmt und ungenützt. Es sollte immer wieder vermessen, gerodet und in Farmland umgewandelt werden. Aber seine Maori-Bewohner, die Tuhoe, wussten dies mit zähem Widerstand zu verhindern und machten so den heute mit 2110 Quadratkilometern größten Nationalpark der Nordinsel möglich. Die Rimu-, Rata- und Buchenwälder sind wunderschön. Sie bieten Besuchern herrliche Wanderwege. Das Zentrum liegt in Aniwaniwa am Lake Waikaremoana (See der kleinen Wellen). Tuhoe bieten geführte Wanderungen und Touren mit Pferden an. Träumer bleiben am Waikaremoana-See – ein Paradies für Paddler und Forellenfischer. Er ist, das felsige Ostufer ausgenommen, von einem 55 Quadratkilometer großen Wald umgeben.

Mokoia-Insel

Mitten im betriebsamen Tourismuszentrum Rotorua liegt diese Oase der Stille und Beschaulichkeit im See: Die Insel war bis vor 150 Jahren dicht besiedelt, auf künstlichen Terrassen wurde die Süßkartoffel Kumara kultiviert. Nga-Puhi-Krieger aus dem Norden löschten die Siedlung aus.
Heute ist die Insel ein unbewohntes Vogelschutzgebiet der Naturschutzbehörden und auch ohne Genehmigung leicht zugänglich. Man kann hier einen halben, einen ganzen Tag verträumen: Eine warme, von der Natur in Stein gefasste Quelle lädt zum Bad, Wiesen am See zum Picknick ein und ein ebener Weg führt in einer Stunde um die Insel.

Zu Neujahr auf den Taranaki

Mount Taranaki ist der schönste unter den Vulkanen Neuseelands, seine Lage perfekt: Auf drei Seiten von der Küstenlinie umgeben, erhebt sich seine Majestät symmetrisch bis zum Gipfel auf 2518 Meter Höhe. Der gleichnamige Nationalpark bildet einen engen Kreis um den Vulkankegel und enthält den letzten Rest unberührter Wälder in Taranaki.
Gute Straßen führen zu drei Schutzhütten auf 900 Metern Seehöhe. Die bequemsten Betten im weiten Umkreis hat die Dawson Falls Tourist Lodge. Von hier führen zahlreiche Wanderwege zu spektakulären Aussichtspunkten.
Ein Gipfelsturm ist auch für Nicht-Alpinisten möglich und wird zu Neujahr von vielen Kiwis unternommen. Der Aufstieg dauert je nach Route vier bis fünf Stunden. Im Januar führen die Alpinvereine offene Gruppen.

Museum Te Papa

Das Nationalmuseum am Hafen von Wellington ist vielfältig, modern und unterhaltsam – und groß. Eine Führung per Audiokassette (in deutscher Sprache) erleichtert das Verständnis. Ob Naturkunde, Maori-Kultur, Siedlungsgeschichte oder Katastrophen – elektronische Animationen und interaktive Displays informieren spielerisch. Doppelbonus: Im ersten Stock bekocht das Gourmet-Restaurant »Icon« seine Gäste, der Souvenirshop ist geschmackvoll.

Abel Tasman National Park

Der Park liegt auf historischem Boden zwischen Tasman Bay und Golden Bay und bietet auf 225 Quadratkilometern viele leichte Wanderungen durch Regenwald zu herrlichen subtropischen Badebuchten. Er ist deshalb im Hochsommer an seinen Rändern stark frequentiert. Von den Endpunkten der Zufahrtsstraßen aus kann man in Marahau und Totaranui zu Tageswanderungen in den Park aufbrechen. Schön ist die Wanderung von Totaranui nach Süden zur Great Tonga Bay. Zur Rückkehr an den Ausgangspunkt benutzt man ein Wassertaxi. Den Zauber der Landschaft erlebt am tiefsten, wer sich seegängige Kanus und Zelte ausleiht und für ein paar Tage in den Buchten verschwindet. Es gibt auch geführte Touren, meist ab Marahau (Abel Tasman Kajaks).

3

1 *Die Bay of Islands ist altes Maori-Siedlungsgebiet.* – 2 *Maori-Kirche am Ostkap. Die Maori sind überwiegend Christen.* – 3 *Blick auf den Mount Taranaki.*

Walbeobachtung

Die Küste vor der Halbinsel von Kaikoura ist rau, das Wasser kalt – Wale schätzen es wegen seines Nährstoffreichtums. Pottwale futtern und spielen das ganze Jahr über, Orcas kommen zwischen November und Februar. Nur die Buckelwale nehmen auf Reisezeiten keine Rücksicht – sie tauchen zwischen Juni und Juli auf. Speziell ausgestattete Boote fangen das Echo der Tiere auf und kommen ihnen bis auf 50 Meter nahe. Die Touren ab 10.30 Uhr sind oft schon zwei Wochen zuvor ausgebucht – am Morgen oder am späten Nachmittag sind die Chancen besser.

Fahrt von der Westküste nach Otago

Einen Tag sollten Sie sich für die Strecke von den Gletschern im Westen zu den Seen in Otago schon Zeit nehmen: Die Zahl der möglichen Stopps und Kurzwanderungen ist groß, das Panorama kaum zu überbieten. Wer in Fox beginnt, kommt zunächst an die Seen Paringa und Moeraki, beides tolle Plätze für Forellenangler und Wanderer gleichermaßen. In Knights Point genießt man einen weitläufigen Ausblick auf die Küstenlinie im Norden und im Süden, außerdem kann man hier eine Seehundkolonie beobachten. Bei Ship Creek lässt sich ein herrlicher 20-Minuten-Ausflug in den Regenwald unternehmen. In Haast Junction informiert das World Heritage Visitor Centre kenntnisreich und unterhaltsam über den Fjordland National Park im tiefen Süden. Hier starten auch Haast Marine Safaris zu Exkursionen an die unbewohnte Jackson Bay, wo man Delfine, Pinguine und Seehunde beobachten kann. Die Hauptstraße verlässt in Haast Junction die Küste und führt über den herrlichen, leicht zu bewältigenden Haast-Pass durch den Mount Aspiring National Park. Einen Vorgeschmack auf die hiesigen Schönheiten vermittelt ein halbstündiger Abstecher zu den Blue Pools. Hinter Makarora beginnt die Alpen- und Seenwelt von Otago mit ihren Seen Hawea, Wanaka und Wakatipu, deren Anblick man meistens in Stille und Einsamkeit genießen kann.

Milford Sound

Das Kronjuwel im Süden der Westküste ist der Fjordland National Park, Neuseelands größter Nationalpark. Entsprechend viele Besucher kommen denn auch hierher, doch mit einer guten Planung kann man die Landschaft selbst zur Hochsaison in ihrem ganzen Zauber erleben. Wichtig ist dafür nur, den »Hauptfeind« – namentlich den Reisebusverkehr – im Auge zu behalten. Die Straße zum Milford Sound beschreibt von Queenstown aus ein U, für die ganze Strecke braucht man gut vier Stunden. Die Bustouren starten frühmorgens, erreichen um zehn Uhr Te Anau, stehen mit laufendem Motor Schlange an drei Fotoplätzen im Nationalpark und sind gegen 12.30 Uhr am Milford Sound. Hier werden die Ausflügler dann auf mehrere große Schiffe verfrachtet, auf denen sie zwei Stunden auf dem Fjord verbringen mit Mittagessen, Fotografieren oder Filmen und ausführlichen mehrsprachigen Kommentaren. Die Gegenstrategie ist einfach: Fahren Sie nicht vor neun Uhr morgens in Queenstown ab; dann sind Sie an den schönen Plätzen ziemlich allein und können, am Milford Sound angekommen, das meist leere Drei-Uhr-Boot zur Rundfahrt auf dem Sound nutzen. Wenn Sie gegen fünf von der Rundreise zurückkommen, fahren Sie nicht bis Queenstown zurück, sondern übernachten in der Umgebung: entweder am Milford Sound, etwa auf einem Schiff, oder in Te Anau am gleichnamigen See, wo sich komfortable Hotels sowie Campingplätze mit Hütten finden.

Per Boot zu den Königsalbatrossen

Die Otago-Halbinsel ist Dunedins bestes Stück. Will man ihr gerecht werden und ein wenig träumen, sollte man sich für die 81 Kilometer lange Rundfahrt einen ganzen Tag Zeit nehmen. Die schönsten zwei Stunden beginnen an Wellers Rock, einer längst aufgegebenen Walfängerstation: Hier hält die »Monarch« – ein kleines altes Motorschiff, das mit knapp 40 Passagieren durch das Hafenbecken zu den Taiaroa Heads tuckert. Auf diesen Klippen nisten Königsalbatrosse in der einzigen bekannten Festlandkolonie. Die größten flugfähigen Vögel der Welt (Spannweite bis zu drei Meter) sind auch die elegantesten Segler. Ein erwachsener Albatros erreicht Geschwindigkeiten von bis zu 110 Stundenkilometern und fliegt durchschnittlich 190 000 Kilometer im Jahr. Alle zwei Jahre kehren die Albatrosse an die Taiaroa Heads zurück, wo sie brüten. Nach elf Wochen, im Februar, schlüpfen die Jungen. Vater und Mutter fliegen dann bis zu 2500 Kilometer ins offene Meer hinaus, um Nahrung zu sammeln. Wenn die Vögel nicht fliegen – etwa bei Windstille –, muss man mit dem informativen Royal Albatross Centre oben auf den Taiaroa Heads vorlieb nehmen.

1

2

Festivals & Events

Kia Ora! Talofa Lava! Malo e Lelei!
So tönt es einem entgegen, wenn man »Pasifika« besucht, eine farbenprächtige Feier pazifischer Kultur, die alljährlich im Ortsteil Western Springs von Auckland stattfindet. Neuseelands einzige Millionenstadt ist kein zufälliger Schauplatz. Hier leben mehr Menschen mit polynesischer Herkunft (Tahiti, Hawaii, Tonga, Samoa) als in jeder anderen Stadt des Pazifiks. Die Feiern beginnen mit einer Woche spezieller Ausstellungen, Workshops und Filmen zur pazifischen Kultur in Auckland. Das Fest selbst startet mit einem abendlichen Galakonzert. Am darauffolgenden Tag spielt auf fünf Bühnen gleichzeitig Musik von Reggae über Hiphop, Rhythm and Blues bis Jazz, dazu kommen Kinderbühne, klassischer Tanz und Gesang und Poesie. Umrahmt wird die Farb- und Tonlandschaft von 350 Buden, die Lavalavas (Röcke für Männer), Tarowurzeln oder frische Kokosnüsse anbieten.
www.aucklandnz.com

Der beste Pinot Noir Neuseelands
Martinborough ist ein reizendes Dorf nordwestlich von Wellington. Weil im Mikroklima hier die wahrscheinlich besten Pinot Noirs Neuseelands gedeihen, findet hier jeweils am dritten Sonntag im November ein Gourmetfest namens »Toast Martiborough« statt. Zwölf der Wein-güter am Ort verbünden sich für den Tag mit einem Spitzenrestaurant und bieten neben Küchen- und Kellerkunst auch kühlen Jazz. Besucher wandern oder radeln von Kostprobe zu Kostprobe.
www.toastmartinborough.co.nz

Das New Zealand International Arts Festival
Es ist eines der bedeutendsten Kunstfestivals auf der Südhalbkugel: Ein Budget von sechs Millionen Euro finanziert 100 Darbietungen aus den Bereichen Tanz, Theater, Oper, E- und U-Musik, Malerei, Bildhauerei, Multimedia und Literatur. Die Mischung ist unkonventionell, bunt, international. Musikalisch hatte man in der Vergangenheit etwa die Auswahl zwischen Jan Garbarek, Wynton Marsalis und dem Rundfunkchor Berlin. Texte lasen unter anderem Arundhati Roy und Doris Lessing. Das Festival findet alle zwei Jahre Anfang März in Wellington statt und dauert drei Wochen.
www.nzfestival.telecom.co.nz

Das Fest der tragbaren Kunst
Die fantasievollste Show Neuseelands sind zweifellos The World of Wearable Arts (WOW) Awards. Der Wettbewerb wurde erstmals 1987 von der Lebenskünstlerin Suzie Moncrieff in Nelson inszeniert, um eine Kunstgalerie zu bewerben – gewonnen hat seither stets der Erfinder (und Träger) des jeweils witzigsten, fantasievollsten Kostüms. Aus diesem »Fest der tragbaren Kunst« ist über die Jahre eine zwei Stunden währende Bühnenshow entstanden, ein Gesamtkunstwerk aus Kostüm, Musik, Tanz und Licht. Die schönsten Erfindungen vergangener Jahre kann man im WOW-Museum in Nelson sehen, der Wettbewerb ist 2005 nach Wellington übergesiedelt.
www.worldofwearableart.com

Treffen der Straßenmusikanten und -komödianten
Bunt und mitunter nicht eben jugendfrei: das World Buskers Festival. Zu diesem alljährlichen Treffen der Straßenmusikanten und -komödianten treffen sich jedes Jahr in Christchurch im Januar etwa 50 Künstler aus aller Welt. Der nächste Termin (2012) ist wegen der enormen Erdbebenschäden in Christchurch noch nicht bestätigt.
www.worldbuskersfestival.com

Das Fest der wilden Esswaren
An der rauen Westküste von Neuseelands Südinsel findet ein ebenso raues Fress- und Trinkfest statt: Zum Wildfoods Festival, dem »Fest der wilden Esswaren« im 3500-Seelen-Kaff Hokitika reisen seit 1990 alle Jahre 16 000 bis 20 000 mutige Besucher an, um sich an gerösteten Schafaugen, Stierpeniswurst, gegrillten Holzmaden und eingelegten Möweneiern zu laben.
www.wildfoods.co.nz

Die größte Flugschau
Warbirds over Wanaka bedeutet »Kriegsvögel über Wanaka« und ist die größte, auf alte Kampfflugzeuge spezialisierte Flugschau der Südhalbkugel. Rund 50 antike Maschinen, von Doppeldeckern des Ersten Weltkriegs über Spitfires aus der Luftschlacht um England bis hin zu den US-Kampffliegern in Korea und Vietnam sind in akrobatischen Luftkämpfen über dem Flughafen und dem herrlich gelegenen See von Wanaka zu bewundern.
www.warbirdsoverwanaka.co.nz

Bluff Oyster Fest
Erst Ende April, wenn die meisten Urlauber Neuseeland wieder verlassen haben, beginnt die Austern-Ernte in der rauen Foveaux Strait, die Stewart Island von der Südinsel trennt. Auch deshalb wird das »Bluff Oyster Fest«, das die lokale Delikatesse mit kulinarischen Leckerbissen und Musik feiert, vor allem von Einheimischen besucht. Ein etwas grober Ball, der Besucher an Zehnertischen platziert und erstklassiges Dinner bietet, findet in Neuseelands südlichster Stadt Bluff statt.
www.bluffoysterfest.co.nz

1 *Auf dem Weingut Mission Estate.* – 2 *Rotoruas Rasenbowler tragen vor dem historischen Bath House natürlich stilvoll Reinweiß.* – 3 *Beim Wildfoods Festival kommen allerlei – vormals lebendige – Absonderlichkeiten auf den Teller.*

Zeittafel

Vorgeschichte Wann genau die ersten Siedler nach Neuseeland kamen, ist nicht ganz genau bekannt, man geht von ca. 1300 aus. Gesichert ist allein, dass sie der polynesischen Wanderungsbewegung entstammten, die vor etwa 4000 Jahren vom Westen des pazifischen Raums ausging. Hauptnahrungsquelle der Maori war der größte Laufvogel der Welt – der bis zu 3,5 Meter große Moa.

Um 1500 n. Chr. lernen die Jäger und Sammler Jade zu schneiden und zu bohren. Es beginnt die Blütezeit der Maori-Kultur.

1642 Der holländische Seefahrer Abel Tasman geht als erster Europäer in Neuseeland (Golden Bay) vor Anker. Als Maori angreifen, segelt er ab, ohne das Land betreten zu haben.

1769 James Cook geht am 9. Oktober bei Gisborne an der Nordinsel an Land.

Ab 1790 Wal- und Robbenfänger, Seeräuber und Händler besuchen die Küsten.

1814 Die ersten Missionare erreichen Neuseeland: An der Bay of Islands bauen Anglikaner die erste Missionsstation.

1820 Der Maori-Anführer Hongi Hika reist nach England, wo er im englischen Königshaus empfangen wird. Auf dem Heimweg kauft er in Sydney Musketen. Mit ihrer Feuerkraft entvölkern seine Soldaten Siedlungsgebiete auf der Nordinsel.

1838 Die New Zealand Company gründet sich, Städte wie Wellington, Nelson und Wanganui entstehen.

1840 Die britische Regierung schickt Kapitän William Hobson nach Neuseeland, um die Inseln für England zu annektieren. In Waitangi an der Bay of Islands versammelten sich Häuptlinge, um den Vertrag zu unterzeichnen, der das Zusammenleben von Maori und weißen Siedlern regeln sollte. Wichtige Anführer verweigern die Unterschrift, etliche sehen das Dokument nie. Dessen ungeachtet erklärt Hobson die britische Oberhoheit über Neuseeland. »Hauptstadt« der Kolonie wird Auckland.

Ab 1843 Es kommt zu kriegerischen Auseinandersetzungen zwischen Maori und Weißen.

Um 1860 Erstmals leben mehr Weiße als Maori in Neuseeland.

1861 Goldfunde in Otago auf der Südinsel lösen den ersten Goldrausch aus.

1865 Wellington wird Hauptstadt.

1867 Maori erhalten vier Parlamentssitze.

1890 Erste allgemeine Wahl. Männer ab dem 21. Lebensjahr dürfen ihre Stimme abgeben.

1893 Neuseeländische Frauen dürfen wählen.

1898 Neuseeland führt als erster Staat für alle Männer und Frauen über 65 die Altersrente ein.

1901 Die Verwaltung der Cook-Inseln fällt Neuseeland zu.

1911 Die Bevölkerungszahl übersteigt erstmals eine Million.

1914 Über 100 000 Neuseeländer – jeder 10. Einwohner – ziehen für England in den Ersten Weltkrieg. 16 554 kommen nicht zurück.

1935 Zum ersten Mal siegt die Labour Party bei den Wahlen und führt im Jahr darauf die 40-Stunden-Woche ein.

1940 Erneut werden Neuseeländer als englische Soldaten rekrutiert: 11 625 sterben.

1953 Der Neuseeländer Edmund Hillary bezwingt als erster Mensch den Mount Everest und wird von der englischen Königin geadelt. Er stirbt 2008 mit 88 Jahren.

1973 England tritt der Europäischen Gemeinschaft bei. Damit verliert Neuseeland seinen wichtigsten Absatzmarkt für Agrarprodukte, Beginn der zehn Jahre lang dauernden Wirtschaftskrise.

1984 Das Land erklärt sich zur atomfreien Zone und beginnt rigorose Wirtschaftsreformen.

1985 Das Greenpeace-Schiff »Rainbow Warrior« wird von französischen Geheimagenten im Hafen von Auckland gesprengt, ein Fotograf getötet.

1992 Die Reformen tragen Früchte: Die Wirtschaft wächst, die Inflation sinkt unter 2 %.

1995 Frankreich nimmt seine Atomwaffenversuche im Pazifik wieder auf. Das neuseeländische Boot »Black Magic« gewinnt mit dem America's Cup die begehrteste Seglertrophäe der Welt. Der Maori-Stamm Tainui erhalten 132 Jahre nach der Landenteignung im Waikato 170 Millionen Dollar Entschädigung.

1997 Jenny Shipley (National Party) wird erster weiblicher Premierminister. In Auckland eröffnet der Sky Tower – damals das höchste Gebäude der Südhalb-kugel.

1999 Bei den Parlamentswahlen siegt die Labour Party mit Helen Clark als Premierminister.

2000 Zur Millenniumsfeier rückt Neuseeland durch seine Lage nahe der Datumsgrenze in den Blickpunkt. Peter Blake verteidigt vor Auckland den America's Cup für Neuseeland gegen das Team der italienischen Nobelmarke Prada.

2003 Die Verteidigung des America's Cup vor Auckland gegen das Team Alinghi misslingt. Damit findet die nächste Wettfahrt in Europa statt.

2004 Erstmals zählt das Statistikamt mehr als vier Millionen Neuseeländer.

2011 Eine Reihe mehr oder weniger starker Erdbeben erschüttert die Südinsel-Metropole Christchurch in ihren Grundfesten. In der Innenstadt kollabieren ganze Straßenzüge, stark betroffen sind auch die Stadtteile im Osten. Ungefähr 200 Menschen finden den Tod. Der Wiederaufbau wird Jahre dauern.

1

2

Übernachten & Genießen

Auckland

Übernachten

Quay West
Eines der schönsten Appartementhotels, ideal zwischen Zentrum und Wasser gelegen. Viele der mindestens 76 Quadratmeter großen Suiten blicken auf den Hafen.
8 Albert St
Tel. 09/309 60 00
www.mirvachotels.co.nz

The Esplanade
Viktorianischer Bau unweit des Fähranlegers auf der Nordseite des Hafens von Devonport mit zweckmäßigen Zimmern und guten Restaurants in der Nähe.
1 Victoria Rd
Devonport
Tel. 09/445 12 91
www.esplanadehotel.co.nz

The Great Ponsonby B&B
Eine etwa 100 Jahre alte renovierte Villa in Ponsonby birgt diese stilvolle Frühstückspension.
30 Ponsonby Rd
Tel. 09/376 59 89
www.greatpons.co.nz

Copthorne Harbour City
Gutes Preis-Leistungs-Verhältnis angesichts der Nähe zu den populären Restaurants und Bars am Viaduct Basin. Etwa die Hälfte der Zimmer gewährt Blicke auf den Hafen und die Harbour Bridge.
196 Quay St
Tel. 09/377 03 49
www.copthorneharbourcity.co.nz

Bavaria Guest House
Im beschaulichen Stadtteil Mount Eden besticht dieses B & B mit behaglichen Zimmern, leckerem Frühstück und Deutsch sprechenden Gastgebern.
83 Valley Rd
Tel. 09/638 96 41
www.bavariabandbhotel.co.nz

Genießen

Woody's
256 Ponsonby Rd
Tel. 09/360 45 00

Antoine's
Feine, etwas förmliche Adresse neben Szenekneipen .
333 Parnell Rd
Tel. 09/379 87 56

Essence
Überrascht immer wieder aufs Neue mit viel Kochfantasie.
70 Jervois St
Tel. 09/372 20 49

Kermadec
Am Viaduct Basin mit Blick auf den schicken Jachthafen werden hier wohlschmeckende Fischgerichte aufgetischt.
Quay St
Tel. 09/300 04 12

Euro
An der Princess Wharf genießen vor Hafenkulisse schöne, elegant gekleidete Menschen hervorragendes, teures Essen.
Tel. 09/309 98 66

The Occidental Belgian Beer Cafe
Muscheln (*mussels*), Pommes (*chips*) und belgisches Bier.
6–8 Vulcan Lane
Tel. 09/300 62 26

Wellington

Übernachten

Intercontinental Wellington
Dieses Fünf-Sterne-Hotel mitten im Zentrum lebt wochentags von Geschäftsleuten und Beamten. Sondertarife machen den kühlen Luxus auch für Touristen erschwinglich.
Ecke Grey/Featherton St
Tel. 04/472 27 22
www.ichotelsgroup.com

The Lighthouse
Zweifellos die ungewöhnlichste Bleibe hier: Man übernachtet in einem 15 Meter hohen Leuchtturm und genießt dabei den Blick auf die Cook Strait.
326 The Esplanade, Island Bay
Tel. 04/472 41 77, 025/425 55 55
www.thelighthouse.net.nz

Comfort Hotel
Günstig und am Puls der Stadt übernachten.
213 Cuba St
Tel. 04/385 21 56
www.comfortwellington.com

Quality Hotel
Dem Comfort Hotel angeschlossen, besser ausgestattet, aber auch teurer.
www.qualitywellington.com

Waterfront Motorhome Park
Sogar Wohnmobilisten können mitten in der Stadt übernachten, nämlich auf diesem Platz unweit der Bluebridge-Fähre. Der Park ist nicht gerade günstig (50 NZ$/2 Pers.), aber ideal, um die muntere Gastroszene Wellingtons zu erkunden.
Waterloo Quay
Tel. 04/472 38 38
www.wwmp.co.nz
Der nächste Camp Ground (ca. 40 NZ$/2 Pers.) ist 14 Kilometer entfernt in Lower Hutt.

Genießen

Shed 5
Nicht nur trendy, sondern auch noch sehr gut. Im Sommer kann man hier schön an der Kaimauer sitzen.
Queens Wharf
Tel. 04/499 90 69

Dockside
Hält in der Qualität mit.
Shed 3
Tel. 04/499 99 00

Logan Brown
Ein zu Recht berühmtes Restaurant in einer ehemaligen Bank.
Ecke Cuba/Vivian St
Tel. 04/801 51 14

Monsoon Poon
Umfangreiche Speisekarte mit einem Potpourri asiatischer Genüsse.
12 Blair St
Tel. 04/803 35 55

Deli
Frühstückskultur mit allerlei Zauberei aus Ei, auch zum Lunch zu empfehlen.
45 Dixon St
Tel 04/384 24 36

1 *Abendstimmung im »winterlosen Norden«.* – 2 *Blick ins King Country bei Wanganui.* – 3 *Gastronomische Freuden im »Wholemeal Cafe« in Takaka an der Golden Bay.*

Christchurch

Übernachten

Heartland Hotel Cotswold
Gemütliche Adresse mit großzügigen Zimmern.
88 Papanui Rd
Tel. 03/355 35 35
www.scenichotelgroup.co.nz

Sudima-Hotel
Fußläufig zum internationalen Flughafen, beherbergt das Hotel Touristen ebenso wie Geschäftsleute. Die Qualität stimmt, die Zimmer sind praktisch und bequem, das angeschlossene Restaurant serviert gutes Essen.
Memorial Ave
Tel. 03/358 31 39
www.sudimahotel.com

Christchurch Top 10 Holiday Park
Campingplatz mit Komfort und in akzeptabler Entfernung vom Zentrum. Die Wohnmobile stehen etwas eng. Man kann auch günstige Hütten mieten.
39 Meadow St
Tel. 03/352 91 76
www.christchurchtop10.co.nz

Genießen

Willowbank Wildlife Reserve
Hier kann man ein richtiges Hangi erleben, inklusive Maori-Folklore.
80 Hussey Rd
Harewood
Tel. 03/359 62 28
www.willowbank.co.nz

Queenstown

Übernachten

Copthorne Lakefront Resort
Besticht durch seine super Lage.
Ecke Adelaide St/Frankton Rd
Tel. 03/442 81 23
www.millenniumhotels.co.nz

Rydges
Ebenso empfehlenswert.
38 Lake Esplanade
Tel. 0800/47 88 47
www.rydges.com

Thomas' Backpackers
Top-Adresse für Sparsame: direkt am See, mitten im Ort.
80 Beach St
Tel. 03/442 71 80
www.thomashotel.co.nz

Queenstown Lakeview Holiday Park
Noch günstiger, dabei nur wenig komfortabler. Von hier aus ist es nicht weit ins Zentrum.
Brecon St
Tel. 03/442 72 52
www.holidaypark.net.nz

Peartree Cottage
Wer außerhalb wohnen will und 170 Euro pro Tag verschmerzen kann, mietet dieses romantische Cottage mit Kräutergarten und Jacuzzi.
Dalefield, Mountain Rd
Tel. 03/442 93 40
www.peartree.co.nz

Genießen

Gibbston Valley Wines
Ein echtes Spitzenrestaurant und beliebt zum Lunch.
1820 SH 6
Tel. 03/442 69 10
www.gibbstonvalleynz.co.nz

Amisfield
Das Weingut tischt in elegantem Ambiente auf.
10 Lakes Hayes Rd
Tel. 03/442 05 56
www.amisfield.co.nz

Boardwalk Restaurant
Direkt am Seeufer gelegen und auf Fisch spezialisiert.
Steamer Wharf Village
Tel. 03/442 56 30

Ein paar einfachere Restaurants:

Winnies
The Mall
Tel. 03/442 85 35

Fishbone Grill
7 Beach Rd
Tel. 03/442 67 68

Cow
Pizzeria.
Cow Lane
Tel. 03/442 85 88

Monty's
Beliebte Kneipe.
Church St

Pog Mahones
Irisch angehauchter Pub.
14 Rees St

Dunedin

Übernachten

Southern Cross
Erste Wahl, sehr zentral gelegen.
118 High St
Tel. 03/477 07 52
www.scenichotelgroup.co.nz

Fletcher Lodge
Kleiner, teurer, eleganter: eine alte Villa voller Atmosphäre.
276 High St
Tel. 03/477 55 52
www.fletcherlodge.co.nz

Nisbet Cottage
Ungewöhnliche Frühstückspension am Fuß der Otago-Halbinsel in einem ehemaligen Waisenhaus. Die deutschstämmige Gastgeberin bietet auch Touren zu Pinguin-Nistplätzen an.
6a Eliffe Place, Shiel Hill
Tel. 03/454 51 69
www.natureguidesotago.co.nz

Dunedin Holiday Park
Den Park in St. Kilda trennt nur eine Düne vom langen Sandstrand – und von der City fünf Minuten mit der Fähre.
41 Victoria Rd
Tel. 03/455 46 90
www.dunedinholidaypark.co.nz

Genießen

Plato
Gehobene Weinbar.
2 Birch St
Tel. 03/477 42 35

Pier 24 Restaurant and Bar
Erstklassiges Gourmetrestaurant.
St. Clair Beach Resort, 24 Esplanade, St. Clair
Tel. 03/466 36 10

Savoy
Hervorragend und preiswert italienisch essen kann man im Etrusco.
8a Moray Place
Tel. 03/477 37 37

1

2

Neuseeland von A bis Z

Allgemeines

Neuseeland ist eine parlamentarische Monarchie im Commonwealth. Das Parlament hat eine Kammer mit 120 Abgeordneten, die Gesetze beschließen. Staatsoberhaupt ohne Einfluss ist die englische Königin Elizabeth II., vertreten durch einen Generalgouverneur. Das Land erstreckt sich über 1600 Kilometer von Nord nach Süd in gemäßigten Breiten, seine Fläche beträgt 270534 Quadratkilometer. Damit ist es in etwa so groß wie Großbritannien oder Japan, wird aber nur von 4,4 Millionen Menschen bewohnt. Der höchste Berg ist der Aoraki Mount Cook mit 3754 Metern, der tiefste See Lake Hauroko (462 Meter), der längste Gletscher Tasman (29 Kilometer), die tiefste Höhle Nettlebed (889 Meter).

Anreise

Eine Reise von Europa nach Neuseeland führt einmal um die Welt. Ca. 23 Stunden reine Flugzeit über Asien oder die USA hängen sich während der ersten Tage im Land wie Bleigewichte an einen. Etwas einfacher hat man es, wenn man im Flugzeug viel Wasser trinkt, sich bewegt, Schlafpolster, Augenklappen und Oropax mitnimmt.
Wenn man dann endlich angekommen ist, sollte man unbedingt versuchen, bis zum Abend aufzubleiben und sich die ersten zwei Tage in Gärten oder an Stränden auszuruhen. Mit wem Sie fliegen, sollten Sie nicht nur nach dem Preis entscheiden. Wichtig sind die Streckenführung (je mehr Stopps, desto größer der Jetlag) sowie Freiraum und Sitzkomfort.
Verschiedene Fluglinien bieten verstärkt Sonderangebote in der Premium Economy oder Business Class – wer sich das irgendwie leisten kann, legt sein Geld gut an: Der Komfortunterschied ist enorm, und oft fühlt man sich bei der Ankunft fast so, als habe man im Hotel geschlafen.

Auskunft

Ein neuseeländisches Fremdenverkehrsbüro gibt es nicht in Deutschland, nur in London. Alle Informationen werden über die Website vermittelt: www.newzealand.com (auch in deutscher Sprache).

Botschaften und Konsulate

Deutschland
Botschaft, 90 Hobson Street, Thorndon, Wellington, Tel. 04/4736063, Fax 4736069, www.wellington.diplo.de
Österreich
Konsulat, 57 Willis St, PoBox 9395, Wellington, Tel. 04/4996393, Fax 04/4996392, www.austria.org.au
Schweiz
Botschaft, 22 Panama Street, Wellington, Tel. 04/4721593, Fax 4996302, www.eda.admin.ch/wellington

Neuseeländische Botschaft in Deutschland
New Zealand Embassy, Friedrichstr. 60, 10117 Berlin Tel. 030/206210, www.nzembassy.com/germany (auch für Österreich zuständig)

Camping

Neuseelands Campingplätze sind meist sehr sauber, gut ausgestattet und schön gelegen, leider aber auch teuer (ca. 38 NZ$ für 2 Pers./Reisemobil). Viele von ihnen lassen jedem Camper viel Platz – allerdings nicht in der Hauptsaison und erst recht nicht auf den immer kleiner werdenden Reisemobil-Parzellen. An vielen Plätzen werden Caravans oder Hütten vermietet.
Ein neues, im Jahr 2011 verabschiedetes Gesetz schränkt das Übernachten außerhalb von Camping-plätzen stark ein, vor allem für Reisemobile ohne Chemie-Toilette bzw. Abwassertank an Bord. Beachten Sie die Schilder und erkundigen Sie sich beim Vermieter bzw. bei der örtlichen i-site.

Elektrizität

Die Stromspannung beträgt 230/240 Volt. Geräte aus Europa sind verwendbar, brauchen aber einen dreipoligen Adapter (erhältlich in Elektro- und Koffergeschäften).

Feiertage

Waitangi Day 6. Februar
Good Friday (Karfreitag) und Ostermontag
Anzac-Tag (Australien and New Zealand Army Corps-Day/Heldengedenktag, offiziell seit 1920) 25. April
Geburtstag der englischen Königin 1. Montag im Juni (obwohl sie da nicht Geburtstag hat)
Tag der Arbeit 4. Montag im Oktober (ein sehr beliebter Ausflugstermin, seit 1899 begangen)
Christmas Day 25. Dezember
Boxing Day 26. Dezember (bis über Neujahr ist ganz Neuseeland auf den Beinen).

FKK

Nackt baden sollte man nur an entsprechend ausgezeichneten Stränden oder in wirklich einsamen Buchten.

Flughafen

Neuseeland hat vier internationale Flughäfen. Der in der Hauptstadt Wellington ist wegen

3

1 *In Takaka im Norden der Südinsel kann man es sich so richtig gut gehen lassen, zum Beispiel bei einem Kaffee im Sonnenschein.* – 2 *Neuseelands höchster Geysir, der Pohutu, sprüht in Rotorua.* – 3 *Bungeeeee: kontrollierter Absturz am Gummiseil.*

seiner kurzen Piste und der schlimmen Böen gefürchtet. Queenstown wird direkt von Melbourne und Sydney angeflogen. Reisende aus Europa sehen in der Regel zwei Terminals: Den meisten Verkehr bewältigt Auckland, eine halbe Stunde südlich der Stadt gelegen. Wer im Land mit einer anderen Maschine weiterfliegt, muss hier seine Koffer durch den Zoll und zu einem anderen Terminal wuchten. Da ist es in Christchurch angenehmer, wo die modernen Terminals »Domestic« und »International« dicht beieinanderliegen.

Kinder

Neuseeländer sind fast überall auf Kinder eingerichtet und begegnen ihnen freundlich und tolerant.
Am besten wohnen Familien in Motels bzw. Motelunterkünften auf Campingplätzen – hier gibt es Appartements mit zwei und mehr Schlafzimmern, und die herrliche Natur bietet einen unerschöpflichen Abenteuer-Spielplatz. Am Meer sollte man die Sprösslinge allerdings auch in geschützten Buchten nie allein lassen. Wenn es mal regnet, sind technische Museen oder Naturkundemuseen auch für Kinder unterhaltsam. Infos: www.kidsfriendlynz.com und www.kidzgo.co.nz

In Auckland
Museum of Transport and Technology, MOTAT, Great North Road, gleich neben dem sehr schönen Zoo, Tel. 09/846 70 20.
In Wellington
»Capital E«, am Civic Square bei der Information, für Kinder von 5–12; Tel. 04/384 85 02.
In Christchurch
Science Alive, 392 Moorhouse Ave, Tel. 365 51 99.

Klima, Wetter, Reisezeit

Der neuseeländische Sommer beginnt um Weihnachten, ab Mai wird es herbstlich unfreundlich.
Dazwischen liegen die besten Reisemonate. Während der Schulferien zwischen Weihnachten und Mitte Januar können die Plätze in Motels, auf Fähren und in den Flugzeugen knapp werden.
Die Temperaturen schwanken in den Reisemonaten und je nach Breitengrad. Richtig heiß – über 30° C – wird es wegen der Nähe zum Meer aber kaum.
Das neuseeländische Wetter schlägt zu allen Jahreszeiten Kapriolen.
In den Koffer gehören daher neben der Badehose auch eine Windjacke und ein dicker Pullover. Die klare Luft und das Ozonloch machen die Sonnenstrahlung gefährlich.

Internet-Adressen für Neuseeland

www.newzealand.com
Die offizielle Seite des neuseeländischen Fremdenverkehrsamts (auch www.i-site.org.nz, eine Auflistung aller Fremdenverkehrsbüros im Land)
www.doc.govt.nz
Die Site des Department of Conservation (DoC)
www.tvnz.co.nz
Television New Zealand; aktuellste News und Filme
www.nzinfo.de
Informatives Forum von und für Neuseeland-Reisende
www.maori.org.nz
Alles, was man über die Maori-Kultur erfahren möchte
www.nzs.com
Sehr hilfreiche Suchmaschine
www.nzhistory.co.nz
Die Seite vermittelt Wissenswertes zur Landesgeschichte
www.teara.govt.nz
Digitale neuseeländische Enzyklopädie
www.earth.google.de
So kann man sich schon einmal ein Bild vom Land machen (auch http://maps.google.co.nz)
www.metservice.com
Liefert Wettervorhersagen für alle Ecken des Landes
www.trademe.co.nz
Die Kiwi-Version von ebay
www.nzcamping.co.nz und www.goseenewzealand.co.nz
Umfangreicher Camping Guide
www.aa.co.nz und www.aamaps.co.nz
Seite der Automobile Association (AA)
www.fourcorners.co.nz
Viele touristische Tipps
www.holidayhouses.co.nz
Für alle, die länger an einem Ort bleiben möchte
www.aatravel.co.nz
Die touristischen Highlights des Landes, mit Unterkünften, nach Region geordnet.
www.grabaseat.co.nz
Preiswerte Flugangebote von Air New Zealand (auch www.houseoftravel.co.nz)
www.wotif.co.nz
Beste Buchungsseite für preiswerte Übernachtungen, ca. 4 Wochen vor dem Reisetermin
www.neuseelandhaus.de
Versandhaus mit einem interessanten monatlichen Newsletter (kostenlos)

Notruf

Über die Rufnummer 111 erreichen Sie die Telecom, die Sie mit Polizei, Rettung oder Feuerwehr verbindet. Die Nummer funktioniert in Fernsprechern auch ohne Geld oder Kreditkarte.

Öffnungszeiten

Apotheken heißen Pharmacies und sind zu den üblichen Geschäftszeiten geöffnet. Der Nachtdienst hängt aus.

1

2

Neuseeland von A bis Z

Banken: Mo–Fr 9–16.30 Uhr, an Flughäfen länger und auch am Wochenende.
Cafés, Bistros und Restaurants: Frühstück kann man ab etwa 7.30 Uhr bestellen, Lunch gibt es in Form kleiner Happen von 10 bis 14.30 Uhr, dann sind die Vitrinen geplündert. Um 15.30 Uhr ist es Zeit für den »Devonshire Tea«: Tee mit frischem Gebäck, auf das man Butter, Marmelade und frisch geschlagene Sahne türmt. Das Abendessen nimmt man zwischen 18 und 22 Uhr zu sich, danach bleiben eigentlich nur die Hamburgerketten geöffnet.
Kinos: Viele beginnen ihre Vorführungen schon am Vormittag. An Freitagen und Samstagen steigt die letzte Show oft erst um Mitternacht.
Museen: Kernöffnungszeiten 10–16 Uhr, auch an Wochenenden.
Shops: In den Geschäftsstraßen im Allgemeinen Mo–Fr 9–17.30 Uhr, samstags 9–14 Uhr. Einkaufszentren und Geschäftsstraßen haben auch Samstagnachmittag und den ganzen Sonntag geöffnet.
Supermärkte sind oft täglich von 8–21 Uhr geöffnet, in großen Städten manchmal sogar rund um die Uhr; was man vergessen hat, bekommt man auch in der »Dairy«, einem erweiterten Milchgeschäft, das meist bis 22 Uhr geöffnet hat.

Parken

Angestellte der Kommunen bewachen die Parkplätze in den Städten sehr gewissenhaft. Keinesfalls Behindertenparkplätze und Busfahrstreifen zuparken!

Polizei

Die Polizei ist blau uniformiert, unbewaffnet und auf britische Art freundlich-zurückhaltend. Kaum jemand spricht Deutsch.

Post

Aus Spargründen sind viele Post- ämter geschlossen worden. Ihre Dienste (mit Ausnahme von Ferngesprächen) haben Buch- und Papierläden übernommen. Die Läden sind am Postzeichen über der Tür erkennbar und haben zu den üblichen Geschäftszeiten geöffnet. Briefe und Postkarten nach Europa werden stets per Luftpost verschickt.

Sprache

Die Sprachen Englisch und Maori sind in Neuseeland gleichberechtigte Sprachen, im Alltag sprechen jedoch alle Volksgruppen fast nur Englisch.

Telefon

Souvenirshops, Postämter und Tankstellen verkaufen hübsch gestaltete Wertkarten für Telefonzellen. Wer ein GSM-Mobiltelefon mitgebracht hat, kann sich bei Vodafone- oder Telecomstellen eine »Prepaid«-Karte kaufen und ins Gerät einschieben: Man bekommt dann, ohne Wartezeit, eine neuseeländische Nummer mit Mailbox. Das Gesprächsguthaben lädt man per Telefon und Kreditkarte auf.

Taxi

In jeder Stadt gibt es eine große Anzahl an Anbietern. Man kann sie zum Beispiel auf der Straße anhalten, von Ständen anmieten oder per Telefon bestellen. Fahrten im Stadtgebiet kosten je nach Dauer zwischen 10 und 40 NZ$.

Transport im Land

Neuseeland ist größer, als es auf der Karte aussieht!
Inlandsflüge bieten Air New Zealand (www.grabaseat.co.nz) und Jetstar (eine Qantas-Tochter, www.jetstar.com) an. Die Flüge sind nicht teuer: Die etwa 1000 Kilometer von Christchurch nach Auckland kosten im Internet ca. 100 NZ$, je nachdem, wie lange im Voraus man bucht.
Busfahrten sind spannend, preiswert und flexibel – man kommt überall hin, wenn auch oft nur einmal pro Tag und ohne weiteren Anschluss. Beliebt sind Backpacker-Busse wie Kiwi Experience (Tel. 0064/9/366 98 30) oder auch Intercity (www.intercity.co.nz), die die schönsten Ecken des Landes erreichen. Buspässe sind preiswert und flexibel – und man lernt eine Menge netter Leute kennen.
Bahnreisen sind attraktiv, aber nur für einzelne Strecken geeignet – etwa von Christchurch nach Norden zur Fähre in Picton (The Coastal Pacific) oder über die Alpenkette nach Greymouth an der Westküste (Tranz Alpine). Vorausbuchen ist zur Hauptreisezeit vernünftig.
Letzten Endes ist das dünn besiedelte Neuseeland aber eindeutig ein Autoland, und das Fahren auf oftmals menschenleeren und – vor allem auf der Südinsel – herrlichen Strecken ist trotz Linksverkehr sicher bald mehr Vergnügen als Strapaze. Autos kann man sich vor Ort ab 40 NZ$ pro Tag mieten; die Verleiher verlangen einen Internationalen Führerschein und eine Kreditkarte. Für die sinnvolle Vollkasko-Versicherung fallen zusätzliche Kosten an, aber die sind wirklich gut angelegt (ca. 15–25 NZ$/Tag).
Wer ein Motorrad lenken darf, wird damit auf den spektakulären, kurvenreichen Straßen der Südinsel besonders viel Spaß haben.

3

1 *Beeindruckende Landschaften, so weit das Auge reicht, etwa im Paparoa National Park.* – 2 *Dynamische Metropole: Alle Hochhäuser in Aucklands Skyline sind in den letzten 30 Jahren entstanden.* – 3 *Farmer nördlich von Auckland.*

Der ökologische Fahrradurlaub in Neuseeland kann wohl zum Scheidungsgrund werden: Unnachgiebig bläst der Wind, Milchtankwagen fetzen mit 100 Stundenkilometern vorbei, Nebenstraßen sind oft nicht asphaltiert oder enden im Nirgendwo. Da borgt man sich besser ein Mountainbike für einen Tag von einem Sportgeschäft. Auch e-bikes (Pedelecs) werden für Touren immer beliebter.
Wohnmobile ersparen die Herbergssuche und erlauben Stopps an herrlich verschwiegenen Plätzchen. Billiger, als wenn man mit dem Auto unterwegs ist und im Motel übernachtet, ist das allerdings nicht, außerdem hält sich der Fahrspaß in Grenzen, und bei Regen fällt einem die Resopaldecke auf den Kopf. Pro Tag zahlt man für ein Reisemobil (2 Pers., Dusche/WC) ca. 150 NZ$ in den Monaten Februar/März – plus Campingplatzgebühr (ca. 38 NZ$), plus sehr empfehlenswerter Vollkasko-Versicherung (ca. 60 NZ$). Es ist meist preiswerter, die Wohnmobile von der Heimat aus zu buchen. Wohnmobil-Vermieter im Internet:
www.maui-rentals.com
www.keacampers.co.nz
www.britz.com
www.apollocamper.co.nz

Trinkgeld

Ist in Neuseeland immer noch nicht üblich. Das Aufrunden von Rechnungsbeträgen wird aber gerne gesehen, auch außergewöhnlicher Service kann entsprechend honoriert werden. Hat Ihnen jemand einen persönlichen Gefallen getan, dann bringen Sie ihm einen Sechserpack Bier oder eine Flasche Wein; eien Dame freut sich über Blumen oder Schokolade.

Unterkunft

Ein sogenanntes Hotel ist in Neuseeland meistens nicht viel mehr als eine Kneipe mit Betten im ersten Stock, wo man seinen Rausch ausschlafen kann, nachdem es unten an der Bar still geworden ist (40–70 NZ$).
Saubere Motels sind am weitesten verbreitet (85–160 NZ$/ Zimmer, oft mit drei oder mehr Betten, Frühstück exkl.).
Bed and Breakfast (B&B) bedeutet Frühstückspension. Das Spektrum hier reicht von der umgebauten Garage mit Familienklo bis zur Feudalsuite im renovierten Herrschaftshaus – entsprechend stark differieren die Preise (70–230 NZ$/ Zimmer).
Viele der feinsten Adressen im Land nennen sich Lodges und Retreats. In den Übernachtungskosten (300–1000 NZ$) sind Gourmetdiners enthalten, gelegentlich auch Wein dazu.

Visum

Deutsche, Österreicher und Schweizer benötigen für einen Aufenthalt bis zu drei Monaten kein Visum, sondern nur den Reisepass (drei Monate über Reiseende hinaus gültig. Achtung bei Stopover in Asien, wo die Gültigkeitsdauer oft sechs Monate über das Ausreisedatum hinaus betragen muss!), das Rückflugticket und ausreichend Geld für den Aufenthalt.

Zahlungsmittel

Währungseinheit ist der Neuseeland-Dollar (NZ$). Ein Dollar entsprach in den letzten Jahren 0,50 bis 0,60 NZ$. Kreditkarten werden überall genommen, sogar in Taxis und Supermärkten, u. a. bei Autovermietern fällt dann allerdings ein Aufschlag von ca. 2 % an. Mit Bank- und Kreditkarten kann man an Geldautomaten, sogenannten ATMs, Bargeld ziehen. Wer Bares mitbringt, sollte auf keinen Fall in Europa wechseln – die Umrechnungskurse vor Ort sind deutlich besser.

Zeitzonen

Jeder Tag der Welt beginnt in Neuseeland: Wenn man hier frühstückt, kommt in Europa gerade das Abendessen des Vortags auf den Tisch. In Neuseeland gilt die mitteleuropäische Zeit (MEZ) plus 11 Stunden. Der Vorsprung sinkt während der Sommerzeit in Europa auf zehn Stunden, zur neuseeländischen Sommerzeit (Oktober bis Anfang April) steigt er auf zwölf Stunden.

Zoll

Neuseelands Grenzen haben zwei Schranken. Eine sorgt dafür, dass die Landwirtschaft von eingeschleppten Seuchen verschont bleibt – Nahrung oder fremde Erdkrume können nach der Landung in einen Amnestybin (Abfalleimer) versenkt oder deklariert werden. Wer beim Salami-Schmuggeln erwischt wird, bekommt richtig Ärger und eine hohe Geldstrafe. An der anderen Schranke, dem eigentlichen Zoll, interessiert man sich für kommerzielle Waren, große Bargeldbeträge, gefährdete Tierarten und ihre Produkte sowie für Drogen (www.customs.govt.nz). Zollfrei eingeführt werden dürfen Gegenstände des persönlichen Bedarfs (z. B. 200 Zigaretten oder 250 g Tabak, 2,2 l hochprozentiger Alkohol, 4,5 l Wein oder Bier) sowie Geschenke, deren Wert 700 NZ$ nicht übersteigt.

Register

Abel Tasman National Park 99, 102, 144
Akaroa 113, 115
Anatoki River 102
Aniwaniwa 144
Antarctic Encounter & Underwater World 55
Aoraki (Mt. Cook) 123, 150
Arahura River 123
Arapawa Island 35
Arthurs Pass National Park 123
Auckland 36, 45, 46, 146, 147, 148, 151
Awanui 50

Banks Peninsula 109, 113
Bay of Islands 35, 36, 45, 49, 50, 55, 147
Bay of Plenty 40, 59, 63
Blenheim 99, 100
Bluff 139
Brunner, Thomas 123
Buller River 125

Canterbury 40, 113
Cape Kidnappers 32, 64
Cape Reinga 46, 50, 55, 141
Carters Beach 120
Cartwright, Silvia 39
Catlins Coast 43
Cavalli Islands 50
Charity Island 139
Chatham Islands 35, 64, 78
Christchurch 28, 109, 110, 146, 147, 149
Cloudy Bay 40
Clutha Valley 133
Clyde 133
Colliers Creek 120
Collingwood 102
Colville 60
Cook, James 32, 35, 59, 60, 63, 113
Cooks Beach 60
Copland Track 123
Coromandel Peninsula 59, 60, 67, 83
Cromwell 133

D'Urville Island 100, 102
Devonport 49
Dunedin 32, 129, 130, 133, 134

East Cape 59, 63, 67
Eden, George 46

Faith Island 139
Farewell Spirit 102
Featherston 91
Fjordland Crested Pinguin 32
Fjordland National Park 137, 145
Flagstaff Hill 49
Founders Heritage Park 102
Foveaux Strait 146
Fox-Gletscher 125
Franz-Joseph-Gletscher 125

Gabriels Gully 133
Gisborne 36, 64
Godley, John Robert 110
Golden Bay 36, 99, 102
Golf von Hauraki 49
Great Barrier Island 49
Greenstone 119
Greymouth 123
Greytown 91

Hagley Park 110
Hahei Beach 67, 83
Halfmoon Bay 139
Hamilton 77
Hanmer Springs 123
Hastings 64
Havelock 100
Hawkes Bay 28, 40, 59, 64, 67
Heaphy Track 27, 120
Hobson, William 46
Hokianga-Harbour 40, 50
Hokitika 119, 123, 146
Hongi Hika 50
Hope Island 139
Hot Water Beach 60, 63
Huka Falls 83
Hundertwasser, Friedensreich 36

Invercargill 137

Kahurangi National Park 102, 120
Kaikoura Peninsula 32, 109, 113, 115
Kaiteriteri 102
Kaiti 64
Kaituna Valley 100
Karamea 27, 102
Karamea River 120
Karangahape Cliffs 78
Kauaeranga Valley 60
Kauri-Fichten 31
Kawarau River 133
Kawhia 77
Kea (Vogel) 32
Kerikeri 50
Kiwi (Frucht) 63
Kiwi (Vogel) 31, 32
Kohaihai River 120
Kororareka 49

Lake Dunstan 133
Lake Hauroko 150
Lake Matheson 123
Lake Ohakuri 77
Lake Onoke 91
Lake Pukaki 105, 130
Lake Rotoiti 103
Lake Rotomahana 77
Lake Rotoroa 103
Lake Taupo 78, 83
Lake Waikaremoana 63, 67, 144
Lake Wairarapa 28, 91
Lake Wakatipu 134
Larnach's Castle 137
Lyttleton 113

Mackenzie Country 130
Mahurangi Peninsula 49
Manukau Harbour 46
Maori (Volk) 32, 35, 49, 63, 139, 147
Mapua Harbour 102
Marahau 102, 144
Marlborough Sounds 105
Martha Mine 63
Martinborough 87, 91, 95, 146
Masterton 91
Melbourne 151
Mercury Bay 60
Milford Sound 31, 134, 145

3

1 *Ausgelassen feiernde Neuseeländerinnen auf dem Marlboro Wine Festival in Blenheim, dem ältesten seiner Art in ganz Neuseeland.* – 2 *Der weite Strand von Wharariki Beach am Nordwestende der Südinsel in der Nähe des Abel Tasman National Park.* – 3 *Liebevolle Begrüßung unter Stammesmitgliedern.*

Mitchells Gully Gold Mine 120
Moa (Vogel) 31, 147
Moeraki Lake 145
Monroe Bay 120
Mount Anglem 139
Mount Aspiring National Park 133
Mount Cook 105, 125, 130
Mount Cook Village 125
Mount Eden 46
Mount Egmont National Park 73
Mount Ngauruhoe 78
Mount Parahaki 49
Mount Ruapehu 31, 78
Mount Taranaki 73, 77, 144
Mount Taranaki National Park 78
Mount Tarawera 77, 83
Mount Tasman 123, 150
Mount Tongariro 83
Mount Victoria 88

Napier 59, 64
Nelson 36, 146
Nelson Lakes National Park 103, 120
Nelson-Marlborough 40
Nettlebed Caves 102, 150
New Plymouth 78
New Zealand Flax 32
Nga Puhi (Stamm) 35, 50
Ngai Tahu (Stamm) 36, 123
Ngai te Rangi 63
Ngaruwahia 77
Ngati Porou 63
Ngongotaha 77
North West Nelson Forest Park 27

Oban 139
Observation Rock 139
Onawe Peninsula 115
One Tree Hill 46
Oriental Bay 87, 88
Otago Peninsula 129, 133, 134, 137, 145, 147

Pacific Coast Highway 59
Paihia 49, 50
Pancake Rocks 119, 120
Paparoa National Park 119, 120, 151
Paringa Lake 145
Paterson Inlet 139
Pauanui 63
Pelorus Sound 100
Picton 100
Pipiriki 78
Pohutu (Geysir) 39, 77, 151
Pohutukawa-Baum 50
Port Chalmers 137
Portobello 134
Poverty Bay 63
Puhoi 36
Pukeiti Rhododendron Gardens 78
Puponga Farm Park 102
Purakaunui 139

Queen Charlotte Sound 100
Queen Elizabeth II. 39
Queenstown 133, 149, 151

Raglan 77
Rangitata River 130
Rewa's Village 50
Ross 119
Rotorua 28, 73, 74, 144, 151
Ruatahune 36
Russell 49

Scott, Robert Falcon 110
Shantytown 123
Shotover River 133
Southland 137
Stewart Island 36, 40, 139, 146
Stirling Falls 31
Stony Bay 60
Surville Cliffs 50
Sydney 151

Taiaroa Heads 137
Tainui (Stamm) 36
Tairoa Heads 129, 145
Tairua 63
Takaka 102, 151
Taranaki 78
Tasman Bay 102
Tasman, Abel 35, 55, 102, 141
Tasman-See 119, 125
Tauranga Bay 63, 120
Tauware Falls 67
Te Mata Peak 67
Te Pukatea Bay 102
Te Puke 63
Te Waikoropupu Springs (Pupu Springs) 102
Thames 60
Three Kings Islands 50
Tolaga Bay 60
Tongariro National Park 73, 78, 83
Totaranui 102
Tuhoe (Stamm) 64

Upper Moutere 36
Urewera National Park 59, 64, 67, 144

Van Diemen, Anthony 35

Waiheke Island 49
Waihi 63
Waikanae 64
Waipiro Bay 60
Waipoua Kauri Forest 45, 144
Waitangi Peninsula 35, 50, 147
Waitara 78
Waitemata Harbour 45, 46
Waitomo Caves 77
Wakefield, William 88
Wanaka 133
Wellington 28, 46, 64, 87, 88, 146, 149, 150
Westland National Park 123
Westport 125
Whakarewarewa 39, 77
Whakatare 67
Whangamata 63
Whanganui River 78
Whangarei 49
Whangarei Falls 49
Wharariki Beach 102, 105
White Island 74
Whitianga 67, 83

Impressum

Der Fotograf

Clemens Emmler lebt in Simonswald bei Freiburg. Seit 1990 veröffentlichte er mehr als 30 Bildbände, diverse Reiseführer und eine Vielzahl an Fotokunst-Kalendern. Seine wohl ewig währende Begeisterung für Neuseeland führte ihn auf insgesamt acht Reisen durch alle Regionen des Landes.

Der Autor

Thomas S. Frank, 1956 in Wien geboren, studierte Geschichte und Sprachen, reiste 1985 zum ersten Mal in den Pazifik und hat seit 1993 seinen Hauptwohnsitz in Christchurch, Neuseeland. Er arbeitete als Redakteur und ist seit 1987 freier Journalist, u. a. für »profil«, »Standard«, »Geo spezial«, und Autor. Er blickt auf zahlreiche Buch- und Zeitschriftenveröffentlichungen zurück.

Bildnachweis

Alle Bilder des Innenteils stammen von Clemens Emmler, außer:
Oliver Bolch: S. 26/27, 43 (Nr. 4), 48, 51, 52/53, 55, 61 (Nr. 4 & 5), 71 (Nr. 3 & 4), 79 (Nr. 2), 89 (Nr. 2, 3 & 5), 94/95, 103, 113; Picture Alliance, Frankfurt a. M.: S. 37 (Nr. 1; Leue, H.), 70 (Nr. 2, Lonely Planet Images/Barnett, R.; Nr. 3, Lonely Planet Images/Strewe, O.), 101 (Nr. 2; Emmler, C.).

Umschlag

Vorderseite: Der Mt. Taranaki in der Nähe von Plymouth (Bildagentur LOOK, München/ Leue, H.).
Rückseite: Maori-Junge mit festlicher Gesichtsbemalung (Picture Alliance, Frankfurt a. M./Leue, H.).

Vorsatz: An der Einfahrt zum Hokianga Harbour.
Seite 5: In den Marlborough Sounds.
Seite 6/7: Die Bruce Bay am Abend.
Nachsatz: Archway Islands vor Wharariki Beach.

Produktmanagement: Joachim Hellmuth, Stephanie Iber
Layout: Werner Poll, Stephansposching
Repro: Repro Ludwig, Zell am See
Umschlaggestaltung: Studio Schübel, München
Kartografie: Astrid Fischer-Leitl, München
Herstellung: Bettina Schippel
Printed in Czechia
by FINIDR s.r.o.

Für Hinweise und Anregungen sind wir jederzeit dankbar. Bitte richten Sie diese an:
Bruckmann Verlag
Postfach 40 02 09
D-80702 München
E-Mail: lektorat@
bruckmann.de

Die Deutsche Nationalbibliothek verzeichnet diese Publikation in der Deutschen Nationalbibliografie; detaillierte bibliografische Daten sind im Internet über http://dnb.d-nb.de abrufbar.

Die Originalausgabe erschien 2006 unter dem Titel »Neuseeland« im Bruckmann Verlag.

Vollständig aktualisierte und überarbeitete Ausgabe

ISBN 978-3-7654-5643-5

In gleicher Reihe erschienen ...

ISBN 987-3-7654-5645-9

ISBN 987-3-7654-5644-2

ISBN 987-3-7654-5647-3

ISBN 987-3-7654-5643-5

ISBN 987-3-7654-5646-6

ISBN 987-3-7654-5642-8

BRUCKMANN

www.bruckmann.de